Asmus Finzen

Psychose und Stigma

Stigmabewältigung
– zum Umgang
mit Vorurteilen
und Schuldzuweisung

Psychiatrie-Verlag

Die Deutsche Bibliothek – CIP-Einheitsaufnahme

Asmus Finzen

Psychose und Stigma : Stigmabewältigung – zum Umgang mit Vorurteilen und
Schuldzuweisung / Asmus Finzen. - Bonn : Psychiatrie-Verl., 2000
(Ratschlag)
ISBN 3-88414-254-2

Psychiatrie-Verlag im Internet: **www.psychiatrie.de/verlag**

Bei »Psychose und Stigma« handelt es sich um eine gründlich überarbeitete
Neuausgabe des Buches »Der Verwaltungsrat ist schizophren – Die Krankheit
und das Stigma«, (Bonn, 1996)

© 1. Auflage Psychiatrie-Verlag gem. GmbH, Bonn 2000
Umschlaggestaltung: marcus lau hintzenstern, Berlin
Satz: Marina Broll, Dortmund
Druck und Bindung: Clausen & Bosse, Leck

Inhalt

Vorwort

Der amerikanische Soziologe Erwing Goffman veröffentlichte 1963 ein Buch mit dem Titel »Stigma. Über Techniken beschädigter Identität«. Darum soll es in diesem Buch gehen: Um die Folgen beschädigter Identität, beschädigt nicht durch die Krankheit Schizophrenie, sondern durch gesellschaftliche Vorurteile, Schuldzuweisungen und Diffamierung – mithin um die Folgen der Stigmatisierung der Krankheit, der Kranken und ihrer Angehörigen. Bei den Vorarbeiten für mein (bislang nicht geschriebenes) Buch über die Behandlung der Schizophrenie wurde mir immer klarer, dass mich etwas an der Arbeit hinderte. Es dauerte eine Weile, bis ich begriff, was es war: Man kann die Krankheit Schizophrenie nicht behandeln – zumindest nicht erfolgreich –, wenn man sich nicht zugleich mit den Folgen des öffentlichen Umgangs mit ihr befasst. Man kann sie auch nicht verstehen, wenn man nicht neben der Krankheit selber ihr Bild mit den Augen der Kranken, ihrer Angehörigen und der Gemeinschaft der Gesunden betrachtet. Dazu gehören auch ihre Mythen und ihre Metaphern.

Das habe ich nun versucht. Das Ergebnis ist nicht Lehrbuch, sondern Auseinandersetzung. Es ist ein Buch über den heiklen *Umgang* – den öffentlichen, den privaten und den professionellen – mit einer Krankheit, deren Träger sich nicht nur mit den medizinischen Konsequenzen, sondern auch mit sozialer Diskriminierung im Gefolge der Krankheit und deren schädigenden Auswirkungen auf ihre Identität herumschlagen müssen. Es ist ein Buch über das Stigma, mit dem psychische Störungen, insbesondere Erkrankungen aus dem schizophrenen Formenkreis behaftet sind, über Ursachen, Anlässe und Folgen von Stigmatisierung; zugleich ist es ein Buch, das Kranken, Angehörigen und Behandelnden Hilfen zur Stigmabewältigung leisten will. Ich werde versuchen zu zeigen, dass und warum dem Stigmamanagement (Goffman) der Vorrang gegenüber dem langfristigen – und utopischen – Ziel der Entstigmatisierung gebührt.

Im ersten Teil des Buches wende ich mich jenen Grundproblemen zu, die die Stigmatisierung ausmachen und Kranke wie Angehörige in die Defensive zwingen: den Faktoren, die die Schizophrenie zu einer »verrufenen Krankheit« im Sinne Susan Sontags machen und der Verwendung des Wortes »schizophren« als Metapher in der Alltagssprache und ihren Auswirkungen der schizophrenen Erkrankung eines Familienmitgliedes auf die Angehörigen. Hier geht es um die realen Krankheitsfolgen wie um die Folgen der Stigmatisierung, die im Hinblick auf die Angehörigen vor allem – aber nicht nur – in einer ungerechtfertigten Schuldzuweisung besteht. Ich versuche zu zeigen, warum die Erkrankung eines Angehörigen an Schizophrenie für die ganze Familie eine Katastrophe ist und wie man ihr begegnen kann. Die einzelnen Kapitel beschäftigen sich entsprechend mit Fragen nach »Verschulden« und nach Handlungsmöglichkeiten. Sie versuchen, die Lage der Familie begreiflich zu machen. Sie verweisen auf das begrenzte Expertentum der Psychiatrie jenseits von Klinik und Sprechstunde. Ein oft vernachlässigtes Problem steht am Ende des zweiten Teils: Das Leid der Kinder. Kinder psychisch kranker Eltern sind in einer besonders schwierigen Situation zwischen kindlicher Abhängigkeit, früher übermäßiger Verantwortlichkeit und Loyalitätsverpflichtungen, die sie nicht selten bis weit in Erwachsenenleben hineinbegleiten.

In den ersten beiden Teilen versuche ich verständlich zu machen, wie die sozialen Mechanismen von Schuldzuweisung, Vorurteilen und Diffamierung auf die Betroffenen wirken, die Kranken, ihre Angehörigen, ihre unmittelbare soziale Umgebung – und dass sie, Kranke und Angehörige, sich diesen Schuh nicht anziehen müssen, dass ihnen bitteres Unrecht zugefügt wird. Erst wenn sie diese begreifen, sind sie im Stande, das Stigma zurückzuweisen und zu bewältigen.

Im *dritten* Teil beschäftige ich mich zunächst mit den Auswirkungen der Stigmatisierung und der Reaktion von Kranken, Angehörigen und Behandelnden auf die Therapie. Am Beispiel der Medikamentenbehandlung zeige ich, wie die Vorstellungen der Öffentlichkeit von der Krankheit, die Kranke und Angehörige ja bis zu einem gewissen Grad teilen, im Gegensatz zur wissenschaftlichen Lehrmeinung und zu den therapeutischen Konzepten der Psychiatrie geraten können und welche praktischen Auswirkungen das hat. Am Beispiel der Psychotherapie erläutere ich, wie bestimmte psychodynamische Krankheitskonzepte immer wieder Gefahr laufen, willentlich und unwillentlich Schuld zuzuweisen und damit Schwierigkeiten in den realen Beziehungen der Kranken heraufzubeschwören. Im Schlusskapitel versuche ich, meine Gedanken zum heiklen öffentlichen Umgang mit der Schizophrenie, zu Stigmatisierung, Vorurteilen, Diffamierung, Scham, Schuld und Schuldzuweisung zusammenzufassen und unter dem Aspekt zu verdichten, welche Konsequenzen all dies für die konstruktive Auseinandersetzung mit der Krankheit haben muss. In diesem Kapitel zeige ich auch, welche Herkulesaufgabe man auf sich nimmt, wenn man sich zum Ziel macht, psychische Störungen zu entstigmatisieren. Man versucht nicht mehr und nicht weniger, als die Gesellschaft zu ändern.

Ich will nicht verschweigen, dass die Konzentration auf das Stigma (und die Entstigmatisierung) nicht unumstritten ist (Sayce), vor allem bei Angehörigen- und Betroffenenvereinigungen, weil es die gesamte Aufmerksamkeit auf die Stigmatisierten lenkt und nicht auf diejenigen, die diese zu Unrecht mit Vorurteilen, Diffamierungen und Schuldzuweisungen verfolgen. Das ist sicher richtig. Aber es hat auch einen Hauch von Fundamentalismus. Wir sind aufgerufen, mit unseren Hilfen da anzusetzen, wo Hilfe möglich ist. Wir tun aber gut daran, den Aspekt des Unrechts, das den psychisch Kranken durch ihre Stigmatisierung widerfährt, im Gedächtnis zu behalten.

Asmus Finzen
Basel, im Sommer 2000

1

Schizophrenie –
Eine verrufene Krankheit?

Die Krankheit

Schizophrenie ist eine unverstandene psychische Störung. Schizophrenie ist ein Leiden, das Angst macht. Schizophrenie ist – entgegen einem weitverbreiteten Vorurteil – eine ernste, aber gut behandelbare Krankheit. Sie ist zugleich die schillerndste aller psychischen Störungen. Sie kann leicht sein oder schwer. Sie kann akut und dramatisch verlaufen oder schleichend und für Außenstehende kaum wahrnehmbar. Sie kann kurze Zeit andauern oder ein ganzes Leben. Sie kann einmalig auftreten. Sie kann in längeren oder kürzeren Abständen wiederkehren. Sie kann ausheilen oder zu Invalidität führen. Sie trifft Jugendliche im Prozess des Erwachsenwerdens und in der beruflichen Entwicklung. Sie trifft Männer und Frauen, die mitten im Leben stehen oder an der Schwelle zum Alter. Schizophrenie ist nicht selten. Sie ist so häufig wie die Zuckerkrankheit. Jeder Hundertste von uns wird daran erkranken. In jeder Nachbarschaft gibt es jemanden, der daran leidet.

Weil sie so vielfältig in ihren Erscheinungsformen ist, ist sie auch für Erfahrene oft nur schwer greifbar. Unerfahrene – das sind auch Kranke am Beginn ihres Leidens, Angehörige, Menschen aus dem Freundeskreis und Berufskollegen und die breite Öffentlichkeit – stehen der Krankheit eher ratlos gegenüber. Wo soviel Unklarheit besteht, müssen Vorurteile Platz greifen. Diese versteigen sich auf der einen Seite zum Märchen von der Unheilbarkeit der Störung, auf der anderen zu der Unterstellung, die Schizophrenie gäbe es gar nicht.

Es gibt Krankheitserfahrungen, die ein »zentrales schizophrenes Syndrom« bedingen, das bei Kranken überall in der Welt anzutreffen ist: es ist gekennzeichnet durch das Erlebnis der Eingebung von Gedanken, der Gedankenübertragung und des Gedankenentzugs, durch Stimmen, die der oder die Betroffene in der dritten Person über sich sprechen hört, oder die seine Handlungen und Gedanken begleiten, durch veränderte Wahrnehmung seiner physischen Umgebung. So kann beispielsweise die ganze Welt in einen so intensiven persönlichen Bezug zu ihm treten, dass sich jedes Geschehen speziell auf ihn zu beziehen scheint und eine besondere Mitteilung an ihn enthält.

Es ist leicht einzusehen, dass davon Betroffene alle seinem kulturellen Hintergrund geläufigen Erklärungen – wie etwa Hypnose, Telepathie, Radiowellen oder Besessenheit zur Hilfe holen, um diese Störung zu erklären. Mit einiger Fantasie kann man sich vorstellen, was sich zu Beginn einer Schizophrenie abspielt, und verstehen, weshalb Angst, Panik und Niedergeschlagenheit so häufig sind, warum das Urteilsvermögen so oft gestört ist. Menschen, die unerschütterlich von der Wirklichkeit dessen, was sie sehen und hören, überzeugt sind, haben aus der Sicht der Mitmenschen »Wahnideen«. Sie erleben, dass andere ihnen zu nahe treten, sie bedrohen; sie fühlen sich verfolgt. Die Außenwelt nimmt das als »Verfolgungswahn« wahr. Andere Kranke isolieren sich. Sie brechen ihre sozialen Kontakte ab. Sie verlieren ihren Antrieb. Sie kommen nicht mehr aus dem Bett. Sie vernachlässigen sich. Sie können gleichsam nicht mehr wollen. Sie kommen ihren persönlichen und sozialen Verpflichtungen nicht mehr nach. Sie geraten in vielfältige Schwierigkeiten.

Das Erleben, insbesondere aber das Verhalten der Kranken ist für andere oft nicht mehr verständlich und nicht mehr nachvollziehbar. Es leuchtet ein, dass eine Verständigung zwischen verschiedenen Wahrnehmungswelten nur schwer möglich, manchmal sogar unmöglich ist. Insbesondere solange die Krankheit nicht als solche erkannt ist, reagieren Mitmenschen mit Unverständnis. Sie erwarten, dass der oder die andere die Regeln des üblichen mitmenschlichen Umgangs einhalten, dass sie sich »normal« verhalten. Sie kommen gar nicht auf den Gedanken, sie könnten es mit psychisch gestörten Menschen zu tun haben. Sie verstehen ihre Angst und ihre Schreckhaftigkeit nicht und reagieren mit Gereiztheit, wenn sie mit ihrem Wunsch nach früher üblicher Nähe und sozialem und emotionalem Umgang zurückgewiesen werden. Auch das Gefühlsleben der Kranken ist oft gestört, ohne dass die Menschen aus ihrer Umgebung dies wissen können.

Im Alltag gehen langwierige Leidensphasen dem Begreifen voraus, dass eine Krankheit vorliegt: heftige Konflikte zwischen den Kranken und ihren Angehörigen, Abbrüche von Freundschaften, sozialer Rückzug, Ausschluss aus Vereinigungen und Gruppen, in denen sie lange gelebt haben, Berufs- und Wohnungsverlust, wenn nicht gar Verwahrlosung. Dem Scheitern der normalpsychologischen Bewältigungsversuche folgt die krisenhafte Zuspitzung, der psychische Zusammenbruch, der die Diagnose und die psychiatrische Behandlung oft erst möglich macht.

Aber mit der Therapie, wie immer sie ausgeht, ist es nicht getan... denn Schizophrenie ist nicht nur eine Krankheitsbezeichnung. Schizophrenie ist, wie Krebs und Aids und früher die Tuberkulose, zugleich eine Metapher. Der Begriff steht für alles mögliche andere; und nichts davon ist gut. Das Wort Schizophrenie wird somit eine Metapher der Diffamierung. Seine metaphorische Verwendung hat entscheidenden Anteil an der Stigmatisierung, der Beschädigung der Identität der von der Krankheit Betroffenen (Goffman 1963).

Die zweite Krankheit: Schizophrenie als Metapher

»Ist das nicht schizophren?« Der Journalist André Müller fragt dies den Journalisten Rudolf Augenstein in einem Interview in der ZEIT (42, 1993). Er fragt dabei keineswegs nach einem Zustand, der Ausdruck jener Krankheit ist, die wir Schizophrenie nennen. Er fragt nach einer Geisteshaltung, die er für widersprüchlich, für widersinnig hält. Müller besetzt einen Begriff der Medizin und verändert damit seine Bedeutung. Er befindet sich in guter Gesellschaft. Nicht wenige Vertreterinnen und Vertreter des schreibenden und redenden Gewerbes pflegen die – missbräuchliche – Verwendung des Wortes Schizophrenie. Tatsächlich hat das von Eugen Bleuler geprägte Kunstwort längst seinen eigenen festen Platz in der Alltagssprache. Ein Blick in das Etymologische Wörterbuch des Deutschen (1995) bestätigt dies:

> »Der Ausdruck verbreitet sich in den Zwanzigerjahren als Fachwort der Psychiatrie und Psychologie und gilt seit den Fünfzigerjahren bildungssprachlich auch im allgemeinen Sinn für Zwiespältigkeit, Unsinnigkeit, absurdes Verhalten, Wahn. Danach schizophren. Adjektiv, bewusstseinsgespalten, an Bewusstseinsspaltung leidend, deren Symptome aufweisend, später auch allgemein widersprüchlich, zwiespältig unsinnig, absurd.«

Die Verwendung des Wortes Schizophrenie als Metapher ist mithin ein Faktum, an dem es kaum zu rütteln gibt. Dennoch wirft die häufige metaphorische Verwendung von › Schizophrenie‹ und ›schizophren Fragen‹ auf. Sie kann nicht ohne Rückwirkungen auf das Krankheitsverständnis bleiben – das der Öffentlichkeit und das der Kranken selbst.

Die amerikanische Essayistin Susan Sontag hat dieser Problematik gleich zwei Bücher gewidmet. In der Einleitung zum ersten – »Krankheit als Metapher« (1977) –, das sie anlässlich ihrer eigenen Erkrankung an Krebs verfasst, umreißt sie das Dilemma. Einerseits beharrt sie darauf, »dass Krankheit *keine* Metapher ist und dass die ehrlichste Weise, sich mit ihr auseinander zu setzen – und die gesündeste Weise, krank zu sein – darin besteht, sich so weit wie möglich von metaphorischem Denken zu lösen, ihm größtmöglichen Widerstand entgegenzusetzen«. Andererseits muss sie einräumen: »Freilich ist es kaum möglich, seinen Wohnsitz im Reich der Krankheit zu nehmen, ohne vorgeprägt zu sein durch die grauenhaften Metaphern, mit denen seine Landschaft ausstaffiert worden ist.«

Am Ende des zweiten Buches – »Aids und seine Metaphern« – (1988) schreibt sie:

»Vorderhand hängt vieles in Bezug auf das individuelle Erleben und die Sozialpolitik von dem Kampf um die sprachliche Besetzung der Krankheit ab: Wie sie in Argument und Klischee angeeignet und assimiliert wird. Der uralte, anscheinend unerbittliche Prozess, durch welchen Krankheiten Bedeutung zuwächst (indem sie für die tiefsten Ängste stehen) und sie zu einem Stigma werden, verdient noch allemal, bekämpft zu werden, und in der Tat scheint es so, als schwinde seine Glaubwürdigkeit in der modernen Welt... Bei dieser Krankheit, die so viele Schuld- und Schamgefühle weckt, wirkt der Versuch, sie von diesen Bedeutungen, diesen Metaphern zu lösen, besonders befreiend, ja tröstlich. Doch man wird die Metaphern nicht schon dadurch los, dass man sich ihrer enthält. Sie müssen aufgedeckt, kritisiert, aufs Korn genommen und aufgelöst werden.« (1988)

Das ist umso dringlicher, weil es sich bei der Stigmatisierung bestimmter Gruppen von Kranken nicht um einen Betriebsunfall handelt, sondern, so argwöhnt Sontag (1988), um die Befriedigung eines gesellschaftlichen Grundbedürfnisses:

»Es scheint so, als brauchten alle Gesellschaften eine Krankheit, die sie mit dem Bösen identifizieren und ihren ›Opfern‹ als Schande anlasten können.«

Die Schizophrenie ist dafür wie Krebs und Aids offenbar besonders geeignet. Sie ist eine unverstandene Krankheit. Sie wird von vielen Menschen als unheimlich erlebt; und das hat Folgen:

»Jede Krankheit, die man als Geheimnis behandelt, und heftig genug fürchtet, wird als im moralischen, wenn nicht im wörtlichen Sinne ansteckend empfunden. So sehen sich überraschend viele Menschen mit Schizophrenie von Verwandten und Freunden gemieden und werden von Mitgliedern ihres Haushalts zum Objekt von Desinfektionsmaßnahmen gemacht, als ob Schizophrenie wie Tb eine ansteckende Krankheit wäre. Der Kontakt mit jemandem, der von einer als mysteriöses Übel betrachteten Krankheit befallen ist, gilt unvermeidlich als Vergehen oder gar als Tabu-Verletzung. Schon den bloßen Namen solcher Krankheiten wird magische Kraft zugeschrieben.« (Sontag 1977)

In diesem Zitat habe ich das Wort Krebs durch das Wort Schizophrenie ersetzt: Es passt.

Der Schrecken des Wortes

»Jeder, der mit Psychosekranken und ihren Angehörigen zu tun hat, weiß, welchen Schrecken die bloße Erwähnung des Wortes Schizophrenie hervorruft. Er hat gelernt, es nur sehr vorsichtig oder überhaupt nicht zu verwenden. Offenbar hat der Begriff«, so der Wiener Psychiater Heinz Katschnig (1989), »ein Eigenleben entwickelt, das der heutigen Realität der Krankheit Schizophrenie in keiner Weise entspricht.«

Das ist nicht Ergebnis des Versagens der Psychiatrie im Umgang mit ihrer zentralen Krankheit, sondern direkte Folge der Instrumentalisierung des Begriffs als Metapher der Diffamierung. Schizophrenie als Metapher hat nichts mit jener Krankheit zu tun, deren besonderes Kennzeichen darin liegt, dass »das Gesunde dem Schizophrenen erhalten bleibt« (M. Bleuler 1975). Schizophrenie als Metapher ist nur abwertend. Sie nährt Vorstellungen von Unberechenbarkeit und Gewalttätigkeit, von unverständlichem, bizarrem oder widersinnigem Verhalten und Denken. Ob Teenager etwas »schizo« finden, ob politisch Tätige das Handeln des Gegners als »schizophren« brandmarken, macht da keinen Unterschied. Das Wort schizophren eignet sich hervorragend zur diffamierenden Verkürzung.

Deshalb mag es kein Zufall sein, dass Vertreter der schreibenden Zünfte, die sich von Berufs wegen kurz fassen müssen, für die vielfältige Verwendung des Begriffes Schizophrenie als Metapher besonders anfällig sind. Wenn sie jemandes Denken oder Handeln als besonders widersinnig oder aberwitzig hinstellen wollen, nennen sie es allzu häufig schizophren. Sie glauben sicher zu sein, dass der gebildete Zeitungsleser weiß, was sie meinen; und vermutlich täuschen sie sich nicht. Schizophrenie ist für ihn eine Verirrung von Geist und Seele, die für pure Unvernunft steht, für Unheimliches, Unberechenbarkeit, Unzurechnungsfähigkeit, Verantwortungslosigkeit. Schizophrenie signalisiert Gefahr. Damit führt das Wort Schizophrenie, wenn es in seinem ursprünglichen Sinn als Krankheitsbezeichnung verwendet wird, von der Metapher geradewegs zum Stigma.

Von Schizogorsk zum »kulturellen Aids«

Ich will versuchen, das an einigen Beispielen zu demonstrieren. Ich beginne mit einem Zitat des Schweizer Schriftstellers und Psychiaters Walter Vogt, dem am Ende seines 1977 zuerst erschienenen Romans »Schizogorsk« eine besonders kunstvolle Verknüpfung von Krankheitsbezeichnung und Metapher gelingt:

»Der Begriff Schizophrenie wurde 1908 bzw. 1911 von Eugen Bleuler in Zürich eingeführt. Es kann kein Zufall sein, dass die Schizophrenie in der Schweiz und innerhalb der Schweiz in Zürich begründet wurde. Die Bewusstseinsspaltung zwischen Puritanismus und einem Erwerbs- und Besitzdenken, wie es schon im alten Testament verflucht wurde, hat ja zumindest eine gute protestantische Tradition. In Bern hätte man über derartige Spintisierereien verständnislos den Kopf geschüttelt und wäre zu den Staatsgeschäften übergegangen. Aber auch Basel wäre nicht in Frage gekommen; denn der Widerspruch zwischen einer steifleinenen Bürgerlichkeit und der größten

Giftküche der Welt – dieser Widerspruch, das war eben mehr als Schizophrenie...«

Wen erfasst, wenn er sich nicht in Zürich, Bern oder Basel zu Hause fühlt, ob dieser subtilen Ironie nicht klammheimliche Schadenfreude? Aber wenn der Psychiater Walter Vogt der Versuchung erliegt, Schizophrenie so infamerweise als Metapher zu verwenden, dürfen wir uns nicht wundern, wenn andere dies auch tun; und sie tun es offenbar oft und gern: Die Talkmaster Wieland Backes und Alfred Biolek (zu Möllemann: »Kommen Sie sich da nicht schizophren vor?«), der Minister Norbert Blüm (»Oh heilige Schizophrenia«), als er sich im Spiegel über Probleme der Entwicklung des Sozialsystems auslässt, und die vielen Schreiber für FAZ und taz, für Zeit und NZZ – vermutlich auch für Blick und Bild. Unter den Fernsehanstalten tut die ARD sich im Übrigen in besonderer Weise hervor. Sie präsentiert neben der Kabarettsendung »Ein Irrer ist menschlich« auch eine solche mit dem Titel »Schizofritz«: Wahsinnig komisch!

In der Frankfurter Allgemeinen Zeitung pflegt vor allem das Feuilleton die Verwendung der Schizophrenie als Metapher. Die »Erziehung zur Schizophrenie« sei das Wesen der DDR Volksbildung gewesen, heißt es beispielsweise im Bericht über eine Diskussion mit Freja Klier »Ausgerechnet die Vision einer Musika universalis produziert ihre eigene Schizophrenie«, meint G.R.K. in einer Glosse. In einem Beitrag über die Frankfurter Theaterpolitik schließlich diagnostiziert Gerhard Stadelmaier »eine der Schizophrenien unseres Subventionssystems«. Aber auch die Wirtschaftsredaktion lässt sich nicht lumpen, wenn sie den Bericht über die turbulente Hauptversammlung einer Aktiengesellschaft mit der Titelzeile versieht: »Lonrho-Aktionäre: ›Der Verwaltungsrat ist schizophren‹.«

Die Neue Zürcher Zeitung pflegte die Verwendung des inkriminierten Begriffs in liebevoller Weise. Vielleicht hatte Walter Vogt mit seinen Anspielungen auf die Mentalität der Zürcher ja doch nicht so Unrecht. Gleich viermal innerhalb eines Monats greift sie auf den metaphorischen Gebrauch der Schizophrenie zurück. So titelt sie »schizophrene Drogenpolitik« und berichtet, in einem Presse-Kommuniqué bezeichne die Schweizerische Volkspartei die gegenwärtige Drogenpolitik im Raum Zürich als »widersprüchlich und schizophren«. Am gleichen Tag ist in einem Leserbrief im Zusammenhang mit kantonalen Sparmaßnahmen von einer »Schizophrenie ohne Grenzen« die Rede. Die Redaktion wählt dafür die Schlagzeile: »Finanzpolitische Schizophrenie«. Mindestens zwei weitere Male stolpert der Leser noch im gleichen Monat über den Begriff: Ein Priester wird suspendiert, nachdem er den Zölibat als »kollektive Schizophrenie« bezeichnet hat. Der Bund der Steuerzahler bezeichnet die angeblich ökologische Motivation einer Benzinpreiserhöhung in einer Meldung als »fadenscheinig bis schizophren«. Es ist richtig, die Zeitung zitiert hier Feststellungen Dritter. Aber offenbar ist die Verwendung von Schizophrenie als Metapher in besonderer Weise zitierenswert.

Redakteure und Autoren der »ZEIT« scheinen die Vorliebe ihrer Kollegen mit der NZZ zu teilen. Hans Schüler beispielsweise kennt »das Krankheitsbild der politischen Schizophrenie«. Auf die Fragwürdigkeit dieser Metapher aufmerksam gemacht, bekundet er in einem Brief Reue und verspricht Besserung. Aber das scheint nur für ihn selbst zu gelten. Ulrich Greiner meint in einem Beitrag über die »Droge der Illusionslosigkeit«, diese »lebensnotwendige Schizophrenie« sei ein intellektuell höchst unbefriedigender Zustand. Absolut unerreicht aber ist sein Kollege Klemens Polatschek, dessen Beitrag über die Berliner TAZ von Metaphern nur so strotzt: Sie plane den Selbstmord und möchte nicht sterben, lesen wir im Untertitel. »Irrsinnig bedroht« ist seine Glosse überschrieben; und dann hebt er ab: »Ja, die kleine, schäbige taz ist unverzichtbar für die politische Diskussion im Land. Aber es genügt nicht für ein Organ, nicht überflüssig zu sein; der Körper muss das auch wissen. Nun droht das Organ, ›ganz ultimativ‹ mit dem Selbstmord. Was halten wir von einem Suizidalen, der uns bittet, wir möchten ihm in den Arm fallen? Richtig: Er hat einen Hang zur Schizophrenie.« Polatschek schließt seinen Beitrag mit der Feststellung: »Diese Zeitung ist total verrückt. Man muss sie vor sich selber schützen.« – Wen wundert da, wenn die ZEIT sich anlässlich der Buchmesse genötigt sieht, vor »kulturellem Aids« zu warnen?

Verrufene Krankheiten

Ein überzeugenderes Beispiel für die verheerende Wirkung des metaphorischen Gebrauches einer ohnehin belasteten Krankheitsbezeichnung auf die Betroffenen ist kaum vorstellbar. Dazu sei noch einmal Susan Sontag (1988) zitiert, die in ihrem Essay »Aids und seine Metaphern« aus eigener leidvoller Erfahrung schreibt:

> »Was mich vor zwölf Jahren, als ich selber Krebs bekam, am meisten erbitterte, war die Erkenntnis, wie sehr der Ruf dieser Krankheit das Leiden der an ihr Erkrankten verschlimmerte. Viele meiner Leidensgefährten waren von ihrer Krankheit abgestoßen und schienen sich ihrer zu schämen. Sie befanden sich offenbar im Banne von Phantasien über ihre Krankheit, die mir völlig fremd waren. Dann dämmerte mir, dass diese Vorstellung zum Teil den mittlerweile restlos diskreditierten Wahnideen entsprachen, die man früher von der Tuberkulose hatte.«

Die Tuberkulose hat ihren Schrecken verloren. Sie ist als Metapher des Bösen ungeeignet. Mit der Krebserkrankung haben wir offen und offensiver, mit dem Wort Krebs vorsichtiger umzugehen gelernt. Die Schizophrenie als Metapher der Abwertung und der Distanzierung ist in mancher Hinsicht an ihre Stelle getreten – und seit kurzem Aids. Was hilft es da, wenn der bekannte englische Sozialpsychiater John Wing (1980) mahnt, Schizophrenie habe nichts mit Gewalttätigkeiten bei Fußballspielen zu tun, oder mit dem Verhalten gestresster Politiker, mit Drogenabhängigkeit oder Kriminalität, mit der Kreativität von Künstlern oder nicht nachvollziehbaren Umtrieben von Wirtschaftsmanagern und Generälen: »Es ist nicht einmal richtig, dass alle Menschen mit der Diagnose Schizophrenie verrückt sind; sie können aus der Sicht des Laien vollkommen gesund sein.«

Ob verrückt oder normal, meint Walter Vogt (1977), sei eine Frage der gesellschaftlichen Akzeptation und darüber entscheiden seiner Überzeugung nach nicht die Psychiater – nicht Bleuler in Zürich oder Kisker in Hannover –, sondern die Medien, etwa Springer in Hamburg oder Ringier in Zürich: »Das heißt, auch diese entscheiden nicht ›selbst‹, sie lassen vielmehr entscheiden, was sie das gesunde Volksempfinden nennen. Aber man muss es ihnen lassen: Sie verstehen etwas davon.« Die Hatz auf die Schizophreniekranken, die nach den Politikerattentaten des Jahres 1990 allenthalben einsetzte, lässt befürchten, dass er Recht hat. Damit schließt sich der Kreis.

Schizophrenie als Metapher leitet sich von vagen vorurteilsbehafteten Vorstellungen von der Krankheit Schizophrenie ab. Die Verwendung von Schizophrenie als Metapher wiederum prägt das Bild der Allgemeinheit von der Krankheit Schizophrenie und den Schizophreniekranken. Wen kann es da wundern, dass die Diagnose zur zweiten Krankheit wird, die um alles in der Welt verheimlicht werden muss.

Wer versucht, Schizophreniekranke zu verstehen, wird mit Betroffenheit feststellen, in wie schrecklicher Weise das Bild der Allgemeinheit von der Krankheit das Leiden verstärkt. Es verzerrt die Selbstwahrnehmung der Kranken, untergräbt ihr Selbstbewusstsein und prägt den Umgang der Gesunden mit ihnen in fataler Weise. Die Kranken und ihre Angehörigen können daraus nur die Schlussfolgerung ziehen, dass sie mit der Information über die Krankheit in der weiteren Familie, im Bekanntenkreis und am Arbeitsplatz vorsichtig umgehen, dass sie die Krankheit im Zweifelsfall lieber verstecken.

Schmerzliche Beobachtung

Dabei dürfen wir nicht stehen bleiben. Wir sind aufgerufen, nicht nur selbst die Krankheitsmetapher zu entlarven und zu durchschauen, sondern auch den Kranken und ihre Angehörigen dabei zu unterstützen. Wir sind aufgerufen, so Nietzsche in der »Morgenröte« (I, 54),

> »die Phantasie des Kranken zu beruhigen, dass er wenigstens nicht wie bisher, mehr von seinen Gedanken über seine Krankheit zu leiden hat als von der Krankheit selber, – ich denke, das ist etwas! Und es ist nicht wenig!«

Ich schließe mit einem letzten Zitat von Susan Sontag über das Ziel ihres Engagements, mit dem sie mir aus dem Herzen spricht:

> »die Phantasie beruhigen, nicht sie aufreizen; nicht Bedeutung stiften, was sonst Ziel des Schreiben ist, sondern etwas seiner Bedeutung entkleiden: Es wollte die donquixotehafte, polemische Strategie des ›Gegen Interpretation?‹ auf die wirkliche Welt selbst anwenden. Auf den Körper. Ich hatte nämlich die schmerzliche Beobachtung gemacht, dass die metaphorischen Verbrämungen der Erkrankung sehr reale Konsequenzen haben: Sie hindern den Menschen daran, sich rechtzeitig behandeln zu lassen oder sich energisch um kompetente Behandlung zu bemühen. Was einen umbrachte, waren nach meiner Überzeugung die Ammenmärchen und Metaphern rund um die Krankheit. Sie schüren in den Menschen irrationale Ängste vor wirksamen Maßnahmen... und fördern das blinde Vertrauen auf völlig nutzlose Verfahren... Ich wollte anderen Menschen – Kranken und ihren Angehörigen – ein Instrument an die Hand geben, um diese Metaphern zu durchschauen und diese Hemmschwellen abzubauen. Ich hoffe, verängstigte Kranke bewegen zu können, dass sie entweder einen Arzt aufsuchen oder statt ihres unfähigen Arztes einen anderen konsultierten, der ihnen die richtige Hilfe angedeihen ließ; sie sollten ihr Leiden einfach als Krankheit betrachten lernen – eine ernste Krankheit, aber eben eine Krankheit, weder Fluch noch Strafe noch Peinlichkeit. Eine Krankheit ohne ›Bedeutung‹... Krankheit

als Metapher ist nicht bloß eine Polemik; es ist eine Ermahnung. Was ich sagen wollte war: Drängen Sie den Arzt, Ihnen die Wahrheit zu sagen. Seien sie ein aufgeklärter und aktiver Patient: suchen Sie die richtige Therapie (denn es gibt sie, neben allerhand Kurpfuscherei)« (Sontag 1988).

Bedauerlicherweise ist es nicht die Metaphorisierung allein, die die Schizophrenie und die an ihr leidenden Menschen in Verruf bringt. Die Darstellung der Krankheit in den Medien ist durchweg negativ, sei es im Film, in Zeitungen oder in Zeitschriften. Sie verstärkt das Bild vom unheimlichen, unberechenbaren oder auch gefährlichen Kranken, das die Öffentlichkeit beherrscht. Besonders deutlich wird das in den Lokalteilen, den meistgelesenen Rubriken der Tageszeitungen. Dort wird der schizophrene Mensch zum Prototyp des unberechenbaren und gefährlichen gewalttätigen Verbrechers (Hoffmann-Richter 2000). Auch das kann nicht ohne Rückwirkungen auf das allgemeine Verständnis der Psychosen aus dem schizophrenen Formenkreis bleiben.

Schizophrenie ist deshalb keine Krankheit wie andere. Sie ist eine »verrufene« Krankheit: Zum Leiden an der Krankheit, ihren Symptomen und ihren sozialen Folgen kommt das Leiden an Vorurteilen, Diffamierung und Schuldzuweisung – zum Stigma der Krankheit Schizophrenie.

2

Die zweite Krankheit. Das Stigma

Im vergangenen Jahrzehnt ist das Bewusstsein dafür gewachsen, dass die Stigmatisierung eine schwere Last für die Psychosekranken und ihre Angehörigen ist. Das Leiden unter dem Stigma, unter Vorurteilen, Diffamierung und Schuldzuweisung, wird zur zweiten Krankheit. Deshalb muss die Psychiatrie sich, wenn sie erfolgreich behandeln will, auch mit der Stigmatisierung ihrer Kranken auseinander setzen. Sie tut dies mittlerweile nicht nur auf individueller Ebene. Unter der Schirmherrschaft der Weltgesundheitsorganisation versuchen zahlreiche nationale psychiatrische Fachgesellschaften, Angehörigenvereinigungen und Selbsthilfeorganisationen Krankheitserfahrener, das Bild der Öffentlichkeit von den psychisch Kranken und der Psychiatrie positiv zu beeinflussen – zum Teil in groß angelegten Kampagnen. Dies geschieht unter dem Oberbegriff der Entstigmatisierung. Entstigmatisierung ist ein Kunstwort. Es kommt in keinem Wörterbuch vor. Wie »Enthospitalisierung« signalisiert es Hoffnung und Zwiespältigkeit zugleich. Wenn wir prüfen wollen, ob der Versuch, die psychisch Kranken zu »entstigmatisieren« Erfolg versprechend ist, müssen wir uns zunächst mit dem wenig geläufigen soziologischen Begriff des Stigma beschäftigen. Dabei werden wir feststellen, dass es neben der Entstigmatisierung einen weiteren Begriff gibt, der konstruktive Auseinandersetzung mit der Stigmatisierung verspricht: das Stigma-Management – bzw. die Stigmabewältigung. Sie ist in ihrem Anspruch bescheidener. Sie konzentriert sich darauf, die Stigmatisierten zu befähigen, ihr persönliches Stigma zu bewältigen und ihre beschädigte Identität (Goffman 1963) zu heilen.

Stigma im Wörterbuch

Alle reden von Entstigmatisierung. Was aber ist Stigma? Wenn wir entstigmatisieren wollen, müssen wir das wissen. Das Wort ist unvertraut. Im Peters'schen Wörterbuch der Psychiatrie und medizinischen Psychologie (5. Aufl. 1999) kommt es nicht vor. Seine Bedeutung für uns bleibt auch nach dem Blick in ein gängiges Lexikon im Dunkeln. Im dtv-Lexikon (1992) beispielsweise heißt es:

»Stigma: [für grch.], *MZ Stigmata, Stigmen*

1. Am Griffelende sitzende Narbe der Blüten.

2. Christl. Theologie: Nach Gal 6, 17, die von Paulus › an seinem Leib getragenen Malzeichen Jesu‹, wo die Narben, der ihm von den Feinden Jesu zugefügten Wunden (s. Stigmatisation).

3. Atemöffnung der Insekten und Tausendfüßler; auch der Augenfleck bei Algen und Fagellaten.«

Auch der Verweis auf die »Stigmatisation« hilft uns nicht wesentlich weiter. Dort ist zum einen die »vegetative Stigmatisation« genannt, eine »besonders lebhafte Reaktionsbereitschaft des vegetativen Nervensystems aufgrund einer anlagebedingten Schwäche«. Zum anderen geht es – in aller Ausführlichkeit – um die nach christlicher Tradition und Glauben »nicht durch äußere Einwirkung verursachte Ausprägung von Wundmalen Jesu bei einem Menschen...«.

Als hilfreicher erweist sich das Etymologische Wörterbuch des Deutschen (1995). Dort heißt es unter dem Stichwort

»Stigma. › Merkmal, (entehrendes) Kennzeichen, Wundmal‹. Lat. *stigma.* Hervorgegangen aus Griechisch *Stígma.* › Stich, Brandmal, Malzeichen, Kennzeichen‹. Zu Griech. Stizein ›Stechen, Punkten, Tätowieren, Brandmarken‹ (verwandt mit Stechen und Stich). Wird Anfang des 17. Jahrhunderts in seinen Bedeutungen › den Sklaven und Verbrechern zur Beschimpfung eingebranntes Zeichen, Brandmal‹ und (mittellateinisch) › eines der fünf Wundmale Christi‹ ins Deutsche übernommen. Seit der zweiten Hälfte des 19. Jahrhunderts be-

gegnet, übertragener Gebrauch ›Kennzeichen, Merkmal, Schand-
mal‹, in der Medizin ›Krankheitsanzeichen‹...«

Erst das Fremdwörterbuch des Duden (1990) führt uns zu der
Wortbedeutung, die wir im Sinn haben, wenn wir von Stigma
und Stigmatisierung sprechen:

> »›Auffälliges Krankheitszeichen‹ (Med.). ... jemanden brandmarken,
> anprangern, jemandem bestimmte, von der Gesellschaft als negativ
> bewertete Merkmale zu ordnen, jemanden in diskriminierender Weise
> kennzeichnen (Soziol.).«

In der Tat meinen wir, wenn wir den Begriff des Stigma verwenden, seine soziologische Bedeutung.

Goffman und das Stigma

Der amerikanische Soziologe Erving Goffman hat dem Problem
der Stigmatisierung eines seiner frühen – jetzt klassischen – Bücher gewidmet: »Stigma. Über Techniken der Bewältigung beschädigter Identität« (1963, Dt. 1967). Die Griechen, so Goffman,

> »schufen den Begriff des Stigma als Verweis auf körperliche Zeichen,
> die dazu bestimmt waren, etwas Ungewöhnliches oder Schlechtes
> über den moralischen Zustand des Zeichenträgers zu offenbaren. Die
> Zeichen wurden in den Körper geschnitten oder gebrannt und taten
> öffentlich kund, dass der Träger ein Sklave, ein Verbrecher oder Ver-
> räter war – eine gebrandmarkte, rituell für unrein erklärte Person, die
> gemieden werden sollte, vor allem auf öffentlichen Plätzen« (Goffman
> 1963, 9).

Heute werde der Begriff »weitgehend in einer Annäherung an
seinen ursprünglichen wörtlichen Sinn« gebraucht, aber eher im
Hinblick auf die Entehrung bzw. die Unehrenhaftigkeit selbst
als auf deren körperlichen Ausdruck. Die Wissenschaft habe sich
bislang jedoch kaum darum bemüht, die strukturellen Vorbedin-
gungen von Stigma zu beschreiben oder auch nur eine Definiti-
on des Begriffs zu liefern. Goffmans Anliegen ist es, »einige sehr
allgemeine Annahmen und Definitionen zu skizzieren« (9).

Ich werde mich im Folgenden eng an Goffmans Überlegungen anschließen. Denn alles – fast alles – was in der neueren Soziologie und Psychiatrie über Stigma geredet und geschrieben wird, geht, wenn es fundiert ist, auf ihn zurück, selbst dann, wenn er nicht als Quelle genannt wird.

Mit dem Konzept des Stigma, der Beschädigung der sozialen Identität, zeigt er, dass es für viele Menschen, die sich sozial abweichend verhalten oder zu einem abweichenden Dasein verurteilt sind, um viel mehr geht als um das Einhalten oder Verletzen von Regeln und Normen. Für sie geht es um die Frage der sozialen und personalen Identität und darum, wie diese in das konkrete soziale Umfeld eingebracht werden kann – um das »eigene Leben« in der komplexen Lebenswelt einer größeren sozialen Gemeinschaft.

Wir haben, wo immer wir leben, bestimmte Vorstellungen davon, wie Menschen sich verhalten, wie sie leben, wie sie sein sollten, ob uns das nun bewusst ist oder nicht:

»Wenn ein Fremder uns begegnet, dürfte der erste Anblick uns befähigen, seine Kategorie und seine Eigenschaften, seine ›soziale Identität‹ zu antizipieren... Weil persönliche Charaktereigenschaften wie z.B. ›Ehrenhaftigkeit‹ ebenso einbezogen sind wie strukturelle Merkmale von der Art, des ›Berufs‹. Wir stützen uns auf die Antizipationen, die wir haben, indem wir sie in normative Erwartungen umwandeln, in rechtmäßig gestellte Anforderungen.« (Goffman 1963, 10)

Goffman bezeichnet diese Erwartungen als Zuschreibung einer »virtuellen sozialen Identität«. Demgegenüber enthält die »aktuale soziale Identität« jene Eigenschaften und Merkmale, über die ein Mensch tatsächlich verfügt. Anspruch und Wirklichkeit unterscheiden sich voneinander. Das ist sozialer wie soziologischer Alltag. Aber es gibt Unterschiede, die ohne Schwierigkeiten akzeptiert und integriert werden können und solche, bei denen das unmöglich ist:

»Im Extrem handelt es sich um eine Person, die durch und durch schlecht ist oder gefährlich oder schwach. In unserer Vorstellung wird sie von einer ganzen und gewöhnlichen Person zu einer befleckten, beeinträchtigten herabgemindert. Ein solches Attribut ist ein Stigma, besonders dann, wenn seine diskreditierende Wirkung sehr extensiv ist; ... Es konstituiert eine besondere Diskrepanz zwischen virtualer und aktualer sozialer Identität.« (10, 11)

Unvereinbarkeit und Relativität von Eigenschaften

Goffman fügt hinzu, dass nicht alle unerwünschten Eigenschaften stigmatisiert werden, sondern nur diejenigen, die mit unserem Bild von dem, was ein Individuum sein sollte, unvereinbar sind.

»Der Terminus Stigma wird also in Bezug auf eine Eigenschaft gebraucht werden, die zutiefst diskreditierend ist. Aber es sollte gesehen werden, dass es einer Begriffssprache von Relationen, nicht von Eigenschaften bedarf. Ein und dieselbe Eigenschaft vermag den einen Typus zu stigmatisieren, während sie die Normalität des anderen bestätigt, und ist daher als ein Ding an sich weder kreditierend noch diskreditierend.« (11)

Goffman bringt in diesem Zusammenhang das Beispiel der Hochschulbildung: In einigen Berufen sei es in Amerika ein Makel, über keine zu verfügen; es sei besser, diesen Mangel zu verheimlichen. In anderen Berufen jedoch sei es besser, eine Hochschulausbildung zu verheimlichen, um nicht als Versager oder Außenseiter zu gelten.

Goffman unterscheidet drei »krass verschiedene Typen« von Stigma: Die »Abscheulichkeiten des Körpers«, »individuelle Charakterfehler, wahrgenommen als Willensschwäche«, die aus einem bekannten Katalog von Geistesverwirrung, Gefängnishaft, Sucht, Homosexualität, Arbeitslosigkeit, Selbstmordversuchen und radikalem politischem Verhalten hergeleitet werden. Schließlich gebe es die »phylogenetischen Stigmata von Rasse und Religion, die von Geschlecht zu Geschlecht« weitergegeben würden und alle Mitglieder einer Familie kontaminierten (Goffman 1963, 13).

Alle diese Beispiele haben die gleichen soziologischen Merkmale. Die Betroffenen, die wir sonst ohne Schwierigkeiten in unsere Gemeinschaft aufgenommen hätten, haben eine Eigenschaft, die wir unter keinen Bedingungen hinnehmen können, die uns veranlasst, alle ihre sonstigen Eigenschaften, die wir an ihnen schätzen, als nichtig zu betrachten: Sie haben ein Stigma. Sie sind »in unerwünschter Weise anders, als wir es antizipiert hatten«. Im Grunde seien wir davon überzeugt, dass Personen mit einem Stigma »nicht ganz menschlich« seien. Deshalb diskriminierten wir sie und reduzierten ihre Lebenschancen »wirksam, wenn auch oft gedankenlos«.

»Wir konstruieren eine Stigma-Theorie, eine Ideologie, die ihre Inferiorität erklären und die Gefährdung durch den Stigmatisierten nachweisen soll; ... In unserer täglichen Unterhaltung gebrauchen wir spezifische Stigmatermini wie Krüppel, Bastard, Schwachsinniger, Zigeuner als eine Quelle der Metapher und der Bildersprache, bezeichnenderweise ohne an die ursprüngliche Bedeutung zu bedenken. Wir tendieren dazu, eine lange Kette von Unvollkommenheiten auf der Basis der ursprünglichen einen zu unterstellen...« (14)

Tradition der Stigmatisierung

Die Ausschließung der Stigmatisierten ist beileibe kein Privileg der modernen Gesellschaft. Sie reicht weit in die Geschichte zurück und ist, wie Müller (1996) in seinem Buch »Der Krüppel« in aller Ausführlichkeit darlegt, in der gesamten Menschheit weit verbreitet. »Schon dem gottesfürchtigen König David (ca. 1004-965 v. Chr.) ›waren die Blinden und Lahmen in der Seele verhasst‹« (Müller 1996, Buch Samuel 5: 8).

Die »Krüppelscheu« der Antike, auch der antiken Medizin, ist bekannt (Finzen 1969). Platon verficht in seinem Alterswerk, den Gesetzen, eine klare Haltung: Nicht nur unverbesserliche Bettler sollen vertrieben werden, Verbrecher Tod oder Verbannung erfahren. Auch »Krankheitsträger«, die nicht mehr heilbar erscheinen, müssen ausgetilgt werden. »Lebensfähig sind nur gesunde (das heißt nach traditionellem Verständnis ›reine‹) Allgemeinwesen.« (Müller 1996)

Während des ganzen Mittelalters werden Verbrecher gebrandmarkt, Aussätzige mit Siechenmänteln, Schellen und Klappern versehen, Geistesgestörte (Besessene) mit einer Kreuz-Tonsur geschoren, haben Dirnen in unirdischen Farben zu gehen und Juden gelbe Flicken auf ihren Gewändern zu tragen. »Die Angst, dem Bösen nahe zu kommen, und von seiner Berührung tödlich gebrannt zu werden, saß tief.« (Müller 1996)

Die Reformation ändert daran nichts:

»Das Kirchenvolk ließ sich nicht beirren, zumal ihm in dem großen Reformer Martin Luther alsbald ein mutiger Fürsprech entstand. Missgestaltete Kinder, entschied er, sollten am besten gleich nach der Geburt getötet werden; sie hätten ohnehin eine begrenzte Lebenserwartung und würden bis dahin nur unnütz ›fressen und saufen‹; persönlich scheint dem Ertränken der Vorzug gegeben zu werden.« (Müller 1996, ff.)

Es muss nicht daran erinnert werden, wie weit wir es im 20. Jahrhundert gebracht haben. Bemerkenswert allerdings ist, wie wenig wir daraus gelernt haben. Völkermord und ethnische Säuberung haben das letzte wie das erste Jahrzehnt dieses Jahrhunderts geprägt. Im ganz normalen Alltag werden Rollstuhlfahrer angepöbelt, Andersfarbige drangsaliert, geistig Behinderte verhöhnt und psychisch Kranke diskriminiert. Das beginnt im Kindergarten, setzt sich fort in der Schule, in der Kneipe, im Verein, im Fußballstadion, in politischen Parteien.

Wurzeln der Stigmatisierung

Alles das ist Stigmafolge; und es ist eine gefährliche Illusion zu glauben, Stigmatisierung als soziales Phänomen könnte aufgehoben werden. Wenn das Stigma allgegenwärtig ist, in einfachen Gesellschaften genau so verbreitet ist wie in komplexen, in historischen wie in der Gegenwart, dann müssen wir uns fragen, ob die Stigmatisierung bestimmter Individuen mit bestimmten körperlichen, psychischen oder sozialen Merkmalen nicht gesellschaftliche Notwendigkeit ist. Wir müssen uns fragen, ob die Kennzeichnung und Ausgrenzung »Andersartiger« nicht eine der Voraussetzungen für die Aufrechterhaltung der aktualen sozialen Identität der »Normalen« ist.

Es spricht viel dafür, dass das so ist. Argumente dafür finden wir beispielsweise in einem Aufsatz des amerikanischen Ethnomethodologen Harold G. Garfinkel (1956) über die »Voraussetzungen erfolgreicher Entwürdigungszeremonien«. Zur Aufrechterhaltung und zur Förderung der eigenen Identität ist es danach notwendig, sich mit Mitgliedern der eigenen Gemeinschaft zu identifizieren, sich von anderen abzugrenzen, diese anderen, insbesondere wenn sie als andersartig erlebt werden, im Zweifel auszugrenzen, auf jeden Fall aber die eigene Identität als die bessere, als die überlegene zu verstehen. Dies wird durch soziale Mechanismen gefördert, die Garfinkel als »Degradation Ceremonies« bezeichnet. Solche sozialen Rituale seien notwendig, um den gesellschaftlichen Zusammenhang zu sichern. Es sei ein unabdingbares Merkmal sozialer Organisationen, bei ihren Mitgliedern Schamgefühle erzeugen zu können. Die Möglichkeit zum Entzug der Identität gehöre zu den Sanktionsmechanismen aller sozialer Gruppierungen. Sie sei ein soziologisches Axiom, das nur in »vollständig demoralisierten Gesellschaften« fehle (Garfinkel 1956).

Es ist hier nicht der Ort zu klären, warum das so ist. Um den sozialen Zusammenhalt zu sichern, scheint es aber bis zu einem gewissen Grad unabdingbar zu sein, erwünschtes Verhalten zu fördern und zu belohnen und unerwünschtes Verhalten zu kennzeichnen, zu brandmarken und schlimmstenfalls zu ächten. Unerwünschtes soziales Verhalten ist in der mildesten Form schlicht »soziale Abweichung«, in ausgeprägterer Form kriminell oder psychisch (bzw. geistig) gestört, im schlimmsten Fall als »Tabu-Bruch«, Verrat oder Gewalt existenzgefährdender Angriff auf die Gesellschaft selbst.

Ob nun aber das abweichende Verhalten eines Menschen als harmlos oder gemeingefährlich klassifiziert wird, ist weitgehend eine Frage der Interpretation. Degradierungsrituale bzw. Entwürdigungszeremonien dienen dazu, diesen interpretativen Prozess zu fördern. Und es hängt vom sozialen Spielraum ab, der Flexibilität und der Toleranzfähigkeit einer Gesellschaft ab, ob jemand als Außenseiter geduldet oder als Hexe verbrannt wird, ob jemand als psychisch Kranker therapiert oder wie im Dritten Reich ermordet – oder wie in historischen Gesellschaften nicht unüblich – einfach ausgesetzt wird.

In jedem Fall bleibt das Stigma.

Der Prozess der Stigmatisierung

Je nach Art des Stigmas verlaufen Prozess und Erleben der Stigmatisierung unterschiedlich. Aber alle Stigmatisierten machen eine ähnliche Erfahrung. Sie müssen zur Kenntnis nehmen, dass sie anders sind als andere Menschen, als die »normalen«. Sie müssen lernen, damit umzugehen. Die Stigmatisierung und ihr Umgang damit wird zum Teil ihrer Biografie. Er trägt zu ihrer Identitätsbildung bei und führt, wie Goffman schreibt, zur einer »beschädigten Identität«. Den Weg dahin beschreibt er als »Karriere«. Damit nimmt er einen Begriff wieder auf, den er in den »Asylen« (1961) für die Entwicklung des langzeitigen Anstaltspatienten geprägt hat. Die übliche Übersetzung dieses Begriffes »Moral Carrier« mit »moralischer Werdegang« ist ungenau. Der Begriff der Karriere, einer Entwicklung, auf die der Betroffene Einfluss hat, ist nicht nur angemessener. Er ist seit den Siebzigerjahren in der Medizinsoziologie üblich geworden (z.B. Uta Gerhardt 1986).

Menschen mit einem Stigma machen ähnliche Lernerfahrungen »hinsichtlich ihrer Misere« und haben »ähnliche Veränderungen in der Selbstauffassung – einen ähnlichen ›moralischen Werdegang‹, ... der beides ist, Ursache und Wirkung der Gebundenheit an eine ähnliche Sequenz persönlicher Anpassungen« (Goffman 1963, 45). Allerdings unterscheidet sich diese Entwicklung, je nachdem ob jemand mit einem angeborenen Stigma auf die Welt kommt, ob jemand im Laufe seines Lebens an einem stigmatisierenden Leiden erkrankt (oder stigmatisiertes abweichendes Verhalten entwickelt) oder ob er in eine Gemeinschaft von Stigmatisierten hineingeboren wird, sei es aus religiösen, nationalen oder »rassischen« Gründen.

Stigmatypen

Das angeborene Stigma

Zahlreiche Stigmen sind angeboren: Hasenscharte und Wolfsrachen (Uhlemann 1990), Taubheit und Blindheit, Cerebralparese (spastische Lähmung) und geistige Behinderung – oder Rothaarigkeit. Die Betroffenen müssen – und können – von früher Kindheit an lernen, mit der Behinderung und mit der Reaktion der Umwelt zu leben. Allerdings nehmen sie das Stigma ihrer Behinderung oft erst allmählich im Umgang mit den »normalen« Kindern und Erwachsenen wahr, nicht ganz selten aber auch abrupt, etwa bei Eintritt in den Kindergarten oder in die Schule. Bis dahin gelingt es in einer beschützenden Umgebung, dass das »Kind sich als vollkommen qualifiziertes, gewöhnliches menschliches Wesen von normaler Identität« sieht (46).

Der Stigmatisierte wird gemieden; er findet keine Freunde, und wenn er welche findet, mögen die sich häufig nicht mit ihm in der Öffentlichkeit zeigen. Er wird zurückgewiesen, verspottet. Er findet keine Beschäftigung, auch die nicht, die er ebenso gut wie andere ausüben könnte. Ihm wird vermittelt, er sei unnütz und überflüssig. Er kommt sich wie ein Ausgeschlossener vor und ist es auch.

Stigma durch Krankheit

Wenn das Stigma erst später im Leben auftritt, hat das »Individuum über den Normalen und den Stigmatisierten gründlich gelernt, bevor er sich als unzulänglich sehen musste. Voraussichtlich wird sein besonderes Problem seine Neuidentifizierung sein und mit besonderer Wahrscheinlichkeit wird es eine Missbilligung seiner selbst entwickeln« (48).

Goffman führt das Beispiel eines Kranken mit künstlichem Darmausgang an:

»Wenn ich vor der Darmoperation einen Geruch im Bus oder in der Untergrundbahn roch, fühlte ich mich gewöhnlich sehr belästigt. Ich dachte immer, dass die Leute widerlich wären, dass sie nicht baden... Ich dachte immer, dass der Gestank von dem, was sie aßen käme. Ich war immer schrecklich belästigt... So glaube ich natürlich, dass die jungen Leute genau so über mich denken, wenn ich stinke.« (49)

Es gibt viele Beispiele von körperlichen Erkrankungen, die die Betroffenen entstellen: Die Deformation des Kopfes, der Verlust von Augen oder Nase, primäre Erkrankungen der Haut und Verbrennungen, in frühen Jahrzehnten am häufigsten die Hasenscharte und der Wolfsrachen. Aber auch psychische Krankheiten gehören in diese Gruppe, selbst dann, wenn die durch sie bedingten Behinderungen nicht für alle sichtbar sind. Sie sind mit einer besonderen Situation konfrontiert:

Sie selbst sind mit den Vorbehalten und Vorurteilen gegenüber psychisch Kranken aufgewachsen, die unter den »Normalen« vorherrschen. Entsprechend entwickeln sie – und ihre Angehörigen – zwangsläufig eine Missbilligung ihrer selbst. Sie tun das umso mehr, je ausgeprägter die gesellschaftlichen Vorurteile gegenüber ihrer Krankheit sind, je stärker sie im alltäglichen Leben zurückgewiesen, geächtet, ausgeschlossen oder verhöhnt werden. Auf diese Weise wird das Stigma zur zweiten Krankheit, die ebenso belastend sein kann wie die erste und die zum Genesungshindernis ersten Ranges werden kann.

Das Stigma der Minderheitenzugehörigkeit

Das Stigma der Zugehörigkeit zu einer Minderheit sei hier nur am Rande angesprochen. Es hat viele Ähnlichkeiten mit den anderen Stigmen-Typen. Aber es gibt einen entscheidenden Unterschied. Die Angehörigen der stigmatisierten Minderheit sind körperlich und psychisch »normal«. Sie haben bessere Voraussetzungen zur Stigma-Bewältigung, weil sie gesund sind und weil sie in der Gemeinschaft von gleichermaßen Stigmatisierten leben. Dass dies unter Extrembedingungen nichts nützt, hat das Schicksal der Juden, der Sinti und Roma, der Homosexuellen und der vielen anderen Unterdrückten und Gequälten im Dritten Reich bewiesen.

Eine mögliche Parallele zur zweiten Gruppe der Stigmatisierten sei erwähnt. Sie ist gegeben, wenn das Stigma wie bei zahlreichen Kranken erst später im Leben eintritt: Etwa bei der Emigration oder der Flucht in ein fremdes Land, in eine andere Kultur.

Psychisch Kranke: diskreditiert und diskreditierbar

Bei vielen körperlich Behinderten, bei Menschen mit Entstellungen, bei Blinden oder Taubstummen wird das Stigma deutlich, sobald wir mit ihnen Kontakt aufnehmen. Sie sind für jedermann sichtbar gezeichnet und gegebenenfalls diskreditiert. Es gibt aber Stigmaträger, deren »Andersartigkeit« nicht auf den ersten Blick erkennbar ist. Diese Menschen sind nicht diskreditiert, sondern diskreditierbar. Psychisch Kranke sind beides: diskreditiert und diskreditierbar. Ein innerer Kreis von Menschen, mehr oder weniger groß, weiß, dass sie krank sind. Andere sehen es ihnen an, z.B. aufgrund von extrapyramidal-motorischen Nebenwirkungen ihrer Medikamente. Die meisten aber wissen es nicht.

Diejenigen, die von ihrer Krankheit wissen, aktualisieren das Bild von psychisch Gestörten, das sie im Laufe ihrer eigenen Sozialisation verinnerlicht haben, in der Begegnung mit ihnen. Da sind mehr oder weniger ausgeprägte Vorurteile, Angst vor ihrer angeblichen Unberechenbarkeit, ihrer Gefährlichkeit. Auf jeden Fall aber sind sie auf der Hut. Die Selbstverständlichkeit des sozialen Umgang mit den »Normalen« ist aufgehoben. Das Grundvertrauen in die Verlässlichkeit der sozialen Erwartungen, das man üblicherweise im Umgang mit andern Menschen hat, ist erschüttert. Die soziale Distanz, die die Gesunden anderen zu psychisch Kranken wahren, ist größer als der Abstand zu Menschen, bei denen psychische Störungen nicht bekannt sind. Untersuchungen von Angermeyer und Siara (1994) machen dies deutlich.

Der Durchschnittsbürger ist bereit, psychisch Kranke als Nachbarn oder Arbeitskollegen zu akzeptieren. Schwieriger wird es, wenn es um größere Nähe geht, sei es als Untermieter, als Familienmitglied durch Heirat oder – verständlicherweise – bei der Beaufsichtigung kleiner Kinder (Angermeyer und Siara 1992). In der gleichen Untersuchung wird dargelegt, wie die soziale Distanz wächst, wenn Dinge geschehen, die geeignet sind, die Vorbehalte gegenüber psychisch Kranken zu verstärken. In Angermeyers Studie waren dies die Attentate auf die Politiker Lafontaine und Schäuble im Jahre 1990 und die breite Medienberichterstattung darüber. Hoffmann-Richter u.a. (1998) haben in mehreren Untersuchungen gezeigt, dass die Berichterstattung über Schizophreniekranke in Zeitungen und Zeitschriften unabhängig von außergewöhnlichen Ereignissen auch im Alltag einen negativen Tenor hat. So wird über Schizophrenie im Lokalteil von Zeitungen fast ausschließlich im Zusammenhang mit Gewalttaten berichtet, während Informationen über die Krankheit selbst ausgesprochen selten sind.

Das Bewusstsein von Vorbehalten und Vorurteilen führt dazu, dass viele psychisch Kranke und ihre Angehörigen versuchen, ihr Leiden zu verbergen. Dies ist möglich, wenn die Krankheit ganz oder weitgehend überwunden ist. Aber es hat Konsequenzen. Denn das Verbergen eines Teils der eigenen Identität ist belastend. Goffman beschreibt das wie folgt:

> »Das entscheidende Problem ist es nicht, mit der Spannung, die während sozialer Kontakte erzeugt wird, fertig zu werden, sondern eher dies, die Information über ihren Fehler zu steuern. Eröffnen oder Nicht-Eröffnen; Sagen oder Nicht-Sagen; Rauslassen oder Nicht-Rauslassen; Lügen oder Nicht-Lügen; und in jedem Fall, wem, wie, wann und wo.« (56)

Mit anderen Worten: Psychisch Kranke, die ihre Störung verbergen, leben unter dauernder Anspannung und in der Sorge, entdeckt – diskreditiert – zu werden. Aber nicht nur das: Während die »Normalen« gegenüber bekannt psychisch Kranken, Vorurteile hin oder her, ein gewisses Maß an Takt bewahren, erleben sie es als »verdeckte« Kranke immer wieder, dass Vorbehalte und Vorurteile im informellen Gespräch in aller Brutalität geäußert werden. Auf diese Weise werden sie in einer Heftigkeit mit solchen Vorurteilen konfrontiert, die sie in der Regel nicht aushalten müssten, wenn sie ihr Leiden offenbaren.

Dazu kommt, dass sie nicht mit Rücksichten rechnen können, die bekannt psychisch Kranken unter Umständen gewährt werden, wenn Restsymptome bestehen: Verminderung des Antriebes, Depressivität, allgemeine Verletzlichkeit. Mit anderen Worten: Das Verbergen der Krankheit mag einige Probleme lösen, andere verschärft es. Wenn ein psychisch Kranker sich nicht offenbart, ist es nicht so,

> »dass er Vorurteilen gegen sich begegnen muss, sondern eher so, dass

er unwissentlicher Akzeptierung seiner selbst durch Individuen begegnen muss, die voreingenommen sind gegen Personen von der Art, als deren Angehöriger er enthüllt werden kann. Wohin er auch immer geht, wird sein Verhalten die anderen fälschlich darin bestätigen, dass sie in Gesellschaft dessen sind, was sie im Effekt fordern, aber entdecken könnten, nicht vor sich zu haben, nämlich eine geistig makellose Person wie sie selbst. Absichtlich oder im Effekt verbirgt der ehemalige psychisch Kranke die Information über seine wirkliche soziale Identität, und er erhält und akzeptiert eine Behandlung, die auf falschen Voraussetzungen hinsichtlich seiner selbst beruht« (Goffman 1963, 57).

Tatsächlich brauchen psychisch Kranke und ehemals psychisch Kranke den Austausch mit anderen Menschen über ihr Leiden, ihre Behandlung und ihre damit verbundenen Probleme. Das soziale Leben in einer Welt der Täuschung kann außerordentlich belastend werden und einen Rückfall begünstigen. Trotzdem scheint es zu den schwierigsten sozialen Herausforderungen für rekonvaleszente psychisch Kranke zu gehören, über den engsten Familienkreis hinaus Menschen zu finden, denen sie ohne Furcht vor Missbrauch und Zurückweisung vertrauen können. Bei einer Fehleinschätzung kann gerade das die Folge sein, was sie vermeiden wollten: Diskreditierung dadurch, dass sie ihr Stigma sichtbar gemacht haben und Verrat durch Weiterverbreitung ihres Geheimnisses.

Stigmatisierung, Ausgrenzung und sozialer Zusammenhalt

Es gibt einige soziale Axiome, die nicht angetastet werden können, ohne den gesellschaftlichen Zusammenhalt zu gefährden. Eines dieser Axiome ist die Zugehörigkeit – Zugehörigkeit zur Familie, zum Betrieb, zur Gemeinde, zum Land, zur globalisierten Welt, Zugehörigkeit aber auch zu Untergruppen: Zum Sportverein, zur Selbsthilfegruppe, zu einer Religionsgemeinschaft, zur deutsch-türkischen – oder deutsch-kurdischen Vereinigung. Für jede dieser Gruppen gelten Regeln – soziologische Normen und Erwartungen. In jeder dieser Gruppen haben die Mitglieder ihre Position, ihren individuellen Status.

Wie immer eine gesellschaftliche Gruppierung sich organisiert, eines ihrer wichtigsten Elemente sind ihre Grenzen. Innerhalb dieser gelten bestimmte Normen und Werte, die nicht ohne Strafe verletzt werden. Sie regeln die Qualifikation für die Mitgliedschaft. Man kann hineingeboren werden oder die Mitgliedschaft erwerben. Alle Menschen sind Mitglieder mehrerer solcher Gruppen. Das gilt im Zeichen wachsender sozialer Komplexität der modernen Gesellschaft viel mehr als in traditionalen Gesellschaften der Vergangenheit.

Aber auch in multikulturellen Gesellschaften sind gleichzeitige Mitgliedschaften in bestimmten Gruppierungen ausgeschlossen. Die genannten deutsch-türkischen und deutsch-kurdischen Gesellschaften mögen ein Beispiel dafür sein. Die Grenzen können leicht überwindbar sein wie in Freizeitvereinigungen oder den unteren Ebenen von Wirtschaftsbetrieben. Sie können aber auch unüberwindbar sein wie in der Mafia, wo die Orientierung über die Grenzen hinaus allzu leicht als Verrat interpretiert und mit dem Tode bestraft wird.

Wie immer eine solche gesellschaftliche Gruppierung aussieht, ihre Mitglieder müssen im Stande sein, die Regeln und Normen und Werte zu erkennen und einzuhalten. Es ist eine Grundvoraussetzung menschlichen Zusammenlebens, dass die Mitglieder einer Gruppe sich auf die Berechenbarkeit des Verhalten der übrigen Mitglieder verlassen können. Deswegen wird abweichendes Verhalten mit Sanktionen belegt, gleichgültig ob es beabsichtigt oder unabsichtlich ist. Deswegen wird die Verletzung zentraler Regeln und Werte mit dem Ausschluss bestraft. Dann greifen im Extremfall jene Degradierungszeremonien, die Garfinkel (1956) vor allem als soziale Grenzsicherungsmaßnahmen gegen existenzielle Bedrohungen des sozialen Zusammenhalts begreift.

Stigmatisierung hat sehr viel mit Sicherung und Sichtbarmachung von Grenzen zu tun. Stigmaträger gehören sichtbar nicht dazu. Sie sind gezeichnet, geschlagen, gebrandmarkt. Ihre Zeichen offenbaren, wie Goffman zum Ursprung des Stigma schreibt »etwas Ungewöhnliches oder Schlechtes über den moralischen Zustand des Zeichenträgers«. Die islamische Scharia mit ihren Körperstrafen hat diese antike Tradition gleichsam in die Moderne gerettet. Die Nazis haben die Juden gebrandmarkt, indem sie sie gezwungen haben, einen gelben Stern zu tragen.

Auch die gegenwärtige Gesellschaft kennt ihre rigorosen Abgrenzungen von denen, die nicht dazu gehören. Es sind nicht mehr die Aussätzigen, die ausgesetzt werden, sondern die Wohnungslosen. Es sind die Angehörigen von »Randgruppen«, die mehr oder weniger ausgeschlossen sind: Bestimmte Ausländer, »Asylanten«, Mitglieder von »Sekten« und bestimmten radikalen Religionsgemeinschaften, Menschen mit anderer als heterosexueller Orientierung, radikal Andersdenkende, Menschen mit körperlichen und geistigen Behinderungen, mit entstellter körperlicher Erscheinung – und eben psychisch Kranke.

Das Ausmaß und die Rigorosität des Ausschlusses und der Ausgrenzung unterscheidet sich. Aber es ist keine Gesellschaft vorstellbar, die auf solche Ausgrenzungen verzichtet. Gewiss, die Einstellung zur Homosexualität hat sich gewandelt. Aber in einer Ausgabe der Frankfurter Allgemeinen Zeitung (Nr. 202, S. 7, 1999) finden sich gleich zwei Beiträge über Homosexuelle als Offiziere und als Priester, die deutlich machen, dass die Stigmatisierung fortdauert. Und mit dem Abbau von Vorurteilen und Vorbehalten gegenüber einer Gruppierung werden in unserer schnelllebigen Zeit neue gegenüber anderen Gruppierungen aufgebaut.

Unterschwellig vorhanden sind sie offenbar immer und überall gegenüber Krüppeln, Schwachsinnigen, »Zigeunern«, Juden und Geistesgestörten. Vorurteile und Ressentiments gegenüber diesen Menschen scheinen beim westlichen Menschen tief verwurzelt zu sein; und das verlangt unsere Wachsamkeit. Auch wenn die Tatsache soziologisch unangefochten sein mag, dass Grenzen für das Überleben von sozialen Gebilden unabdingbar sind, ist die Ausschließung und Instrumentalisierung bestimmter Mitmenschen zur »Grenzmarkierung« eine gefährliche Angelegenheit.

Soziale Repräsentationen und Vorurteile

Wir sollten uns allerdings nicht der Illusion hingeben, dass wir dies grundsätzlich ändern können. Wir können versuchen, besonders gefährlichen und irrationalen Vorurteilen durch gezielte Aufklärung und Sympathiewerbung zu mildern, im Einzelfall vielleicht sogar zu überwinden. In der Vergangenheit hat sich am Beispiel der psychisch Kranken (Cumming & Cumming 1955), aber auch am Beispiel der jüdischen Bevölkerung, immer wieder gezeigt, dass durch solche wohl gemeinten Kampagnen auch Ressentiments geweckt werden können. Es sind letzten Endes Ängste, oft irrationale Ängste, die die Stigmatisierung aufrechterhalten, und Irrationalität ist durch Aufklärung und Wissensvermehrung nicht aufzuheben.

Die Begegnung mit einem körperlich Entstellten wird leicht zur Bedrohung der eigenen körperlichen Identität, die Begegnung von schwerer körperlicher Krankheit gezeichneten Menschen konfrontiert mit der gelegentlich mühsam kompensierten Angst vor eigener Krankheit und Tod. Die Begegnung mit geistig Behinderten und psychisch Kranken schließlich rührt von der verbreiteten Angst, »den Verstand zu verlieren«. Solche Ängste schlagen sich in »sozialen Repräsentationen« (Moscovici 1984, Flick 1995) nieder, in inneren Bildern, die in einer Mischung von Wissen und Gefühlen im Laufe des Lebens erworben werden und sich, wenn überhaupt, nur ganz allmählich ändern.

Soziale Repräsentationen sind nicht schlichtes Alltagswissen. Sie sind Wissen verknüpft mit ideologischen, zum Teil mythischen und emotionalen Vorstellungen, im Falle von Krankheiten vor allem mit Angst. Heutzutage treten New-Age-Konzepte hinzu. Überzeugungsarbeit in diesem Sinne muss deshalb auch Beziehungsarbeit sein. Nur wenn persönliche Überzeugungskraft vorhanden ist, kann Vertrauen aufgebaut werden, können die sozialen Repräsentationen der Kranken dynamisiert und auf diese Weise verändert werden, kann – am Ende, nicht am Anfang – ihr Wissen neu konstituiert werden. Dass dies auch bei schweren psychischen Störungen keineswegs aussichtslos ist, zeigt eine Untersuchung von Angermeyer und Held (1993), nach der sich die Vorstellungen der Kranken im Lauf der Behandlung jenen der Fachwissenschaftler annähern – in ähnlicher Weise übrigens wie die Vorstellungen von Medizinstudenten im Lauf ihres klinischen Studiums (Angermeyer u.a. 1994). Der direktere, kürzere und für die Kranken und ihre Angehörigen kurzfristig Erfolg versprechende Weg ist der der Stigmabewältigung – des Stigma-Managements –, für die dieses Buch einige Grundlagen vermitteln will.

3

Vorurteile von heute sind Lehrmeinungen von gestern

Die Diffamierung der Mütter

Die Lehre von der »schizophrenogenen Mutter« hat für die Angehörigen Schizophreniekranker ähnlich fatale Folgen wie die leichtfertige Verwendung der Krankheitsbezeichnung Schizophrenie als Metapher für die Kranken selbst. Dass sie überhaupt entstehen konnte, symbolisiert, wie schwer die Psychiatrie sich lange Zeit mit den Angehörigen ihrer Patienten getan hat. Sie wurden als Störfaktoren angesehen, als Belastung für die Arzt-Patienten-Beziehung, als Mitverursacher der Krankheit. Die Belastung der Angehörigen durch die Erkrankung ihres Familienmitgliedes, ihre Hilfebedürftigkeit und ihre überragende Bedeutung als therapeutische Bündnispartner wurden erst spät wahrgenommen. Um das zu verstehen, sind einige psychiatriegeschichtliche Anmerkungen notwendig.

Von der Familienforschung zur Diffamierung der Familie

Lange Zeit galten die Psychosen aus dem schizophrenen Formenkreis als »reine« Erbkrankheit oder doch als »endogene« Störungen, deren Ursachen zwar nicht bekannt waren, die aber doch mit Sicherheit im Bereich des Organischen zu suchen waren. Das änderte sich mit der Ausbreitung der psychodynamisch orientierten Psychotherapieverfahren, vor allem des psychoanalytischen Denkens. Auf dessen Grundlagen erhielt auch die Schizophrenieforschung neue Impulse. Die Familie und die Art und Weise ihrer Mitglieder, miteinander umzugehen, geriet in den Mittelpunkt des Interesses. Spätestens in den Sechzigerjahren glaubte man die Wurzeln der Schizophrenie gefunden zu haben. Ihre psychodynamische Erforschung und Aufarbeitung förderte reichhaltiges Material zutage, das die Entstehungsursachen dieser Störungen in der Familie sah. Die Beziehungen des Patienten zu Vater und Mutter, die Geschwisterkonstellationen, selbst die Großeltern stellten konstituierende Bedingungen psychischer Erkrankungen dar. Im Gefolge der soziologisch-psychodynamischen Schizophrenieforschung geriet die »schizophrenogene Mutter« zur Unperson. Durch »Double bind« – gleichzeitig emotional zugewandte und feindselige Haltung – und »Überprotektion« trieb sie ihr Kind in die Psychose. Diese heute überwundenen Vorstellungen waren damals weit verbreitet. Sie waren allgemeines Bildungsgut. So wurden die Angehörigen für die Psychiater fast zwangsläufig zu »Ungehörigen«. So war es zwingend, dass die Behandelnden für den Patienten Partei nahmen. Sie identifizierten sich mit ihm. Sie sahen die Familie mit den Augen des Patienten. Nur ihn hörten sie an. Vater und Mutter wurden zu Schuldigen, zu Sündenböcken. Der Patient wurde in der familiendynamischen Literatur zum »Opfer« der Familie.

Dieser wissenschaftlichen Lehrmeinung der späten Fünfziger - und Sechzigerjahre folgte der Aufstand der jungen Generation gegen die Familie. Die politischen Impulse der Studentenbewegung richteten sich u.a. auch gegen die Kleinfamilie, in der sie die Wurzel der großen seelischen und sozialen Übel unserer Zeit sahen. Unter solchen Voraussetzungen ist die Einbeziehung der Angehörigen in die Therapie schlecht möglich. Dabei wurde übersehen, dass gerade das »Opfer« in der Wiederherstellungsphase in die Familie zurückdrängte, dass zu den Angehörigen die einzigen zwischenmenschlichen Beziehungen der Kranken bestanden. Ebenfalls wurde häufig übersehen, dass die Familie ihre Verhaltensformen gegenüber dem zum Patienten gewordenen Mitglied nicht aus purer Bosheit entwickelte, sondern dass die übrigen Familienmitglieder häufig durch die Krankheit genauso verstört waren wie der unmittelbar Betroffene. Erst diese nahe liegende Erkenntnis ermöglichte den Schritt von der Diffamierung der Familienangehörigen zur therapeutischen Aufarbeitung der Familiensituation.

Frieda Fromm-Reichmann und die »schizophrenogene Mutter«

Das Wort von der »schizophrenogenen Mutter« ist die unerwünschte Begleitwirkung einer bedeutenden psychiatrischen Pionierleistung: dem frühen Versuch, Schizophrenen mit psychotherapeutischen Verfahren zu helfen. Kaum jemand hat sich um die Psychotherapie Schizophreniekranker so verdient gemacht wie die deutsch-amerikanische Psychoanalytikerin Frieda Fromm-Reichmann. Als Dr. Fried in Hanna Greens Roman »Ich habe dir keinen Rosengarten versprochen« wurde sie zur Legende. Ihre Schriften zur Psychosenpsychotherapie sind heute noch aktuell. Und doch hat Frieda Fromm-Reichmann unermessliches Leid über ungezählte Familien mit schizophreniekranken Angehörigen gebracht. Sie ist die Schöpferin des Unwert-Begriffes »schizophrenogene Mutter«. Sie wurde gleichsam zum Opfer ihrer psychotherapeutischen Überzeugungen, die eng an die Vorstellung der ausschließlichen psychischen bzw. psychosozialen Verursachung der Schizophrenie gebunden sind. Danach entsteht die Krankheit, weil in der Kindheit etwas schief gegangen ist; und wenn man das glaubt, dann liegt es nahe, dass jemand die Verantwortung dafür trägt, dass jemand schuld sein muss. Und wer trägt die Verantwortung für die Entwicklung des kleinen Kindes? Natürlich die Mutter. Hundert Jahre nach Freud ist dieser Rückschluss gleichsam ein Reflex.

Es war nicht nur graue Theorie, die zu der Schuldzuweisung an die Mütter führte. Es waren handfeste – aber einseitig interpretierte – Beobachtungen. Die Beziehung zwischen Mutter und schizophrenem Kind sei nicht normal, stellte die psychiatrische

Familienforschung fest. Der nahe liegende Einwand, dass das Zusammenleben mit einem psychisch kranken Angehörigen so belastend und so schwierig sein kann, dass »normaler« Umgang kaum vorstellbar ist, wurde nicht beachtet. Die Begeisterung darüber, was die psychodynamische Psychiatrie in kurzer Zeit geschafft hatte, woran die naturwissenschaftliche Psychiatrie ein Jahrhundert lang gescheitert war – nämlich die Ursache der Schizophrenie zu entschlüsseln –, war allzu verführerisch.

Die Entzauberung der Begriffe der neuen Lehre fand nicht statt: »Doppelbindung« und »Pseudo-Gemeinschaft« kommen überall vor, wo Menschen miteinander umgehen. (Doppelbindung – die Übermittlung von zwei einander widersprechenden Gefühlen, eins offen und eins versteckt – ist es beispielsweise, wenn man unerwartet im unpassendsten Augenblick Besuch bekommt und man, gut erzogen wie man ist, die Gäste freundlich begrüßt, sie untergründig aber dennoch spüren lässt, dass man sie eigentlich dahin wünscht, wo der Pfeffer wächst.) Wissenschaftlich waren die Forschungen zu Schizophrenie und Familie, für die sich psychoanalytisch orientierte Autoren seit Beginn der Vierzigerjahre zunehmend begeisterten, vor allem aus zwei Gründen anfechtbar: Zum einen unterblieb die Untersuchung von Kontrollgruppen, also von Familien ohne schizophrene Mitglieder; zum anderen wurde die Schizophreniediagnose bis in die Siebzigerjahre hinein in den Vereinigten Staaten doppelt so häufig gestellt wie in Westeuropa. Es gibt deshalb gute Gründe anzunehmen, dass die Hälfte der in den großen amerikanischen Studien untersuchten Familien gar keine schizophrenen Mitglieder hatte.

Theodore Lidz, die Familie und die Schizophrenie

Nach der Identifikation als Sündenbock wurde die »schizophrenogene« Mutter rasch zur Unperson. Damals berühmte Bücher von John Rosen (1953) und L.B. Hill (1955; deutsch 1958) sorg-

ten für die gehörige Verbreitung. Eines der größten Forschungsprojekte über Schizophrenie und Familie unter Federführung
von Theodore Lidz, dessen wesentlichste Ergebnisse bereits 1959
in einem Doppelheft der »Psyche« in deutscher Sprache ver-
öffentlicht wurden, schien die Lehre von der Schuld der Mutter
abschließend wissenschaftlich abzusichern. Es lohnt es sich, einen Blick in die zusammenfassende Buchdarstellung der Autoren zu werfen, » Die Familienumwelt der Schizophrenen« (1965;
deutsch bei Klett-Cotta 1979). Bereits im Sachwortverzeichnis
finden sich sechs Verweise auf die »schizophrenogene Mutter«.
Auch die übrigen Verweise auf die »schizophrenogene« Mutter
haben überwiegend abwertenden Charakter:
- Mütter, abweisende
- Mütter, psychopathische
- Mütter schizophrener Töchter
- Mütter, schwach und untüchtig versus kalt und unnachgie-
  big
- Mütter, Zuwendungsschwierigkeiten der
- Mutter-Kind-Symbiose

Geht man den Verweisen im Einzelnen nach, liest man beispielsweise über das

»Konzept von der außerordentlich schädlich wirkenden, weil mit
einem übergroßen Besitzanspruch verbundenen Liebe, die das Kind
zwar nicht zurückweist, die aber unrealistisch« ist. Im gleichen Satz
liest man von der dazu im direkten Gegensatz stehenden Überzeugung, »dass die Zurückweisung des Kindes durch die Mutter im ersten Lebensjahr der signifikante Faktor für das Zustandekommen von
Schizophrenie sei« (Seite 38).

Im Abschnitt über die »Mütter schizophrener Kinder« heißt es:

»Betrachten wir zunächst die Mutter eines schizophrenen Jungen, die
als Musterbeispiel der ›schizophrenogenen Mutter‹ dienen kann. Der
schädigende Einfluss ihres Verhaltens und ihrer Persönlichkeit ist
offenkundig. Man kann sich kaum vorstellen, dass ein Sohn, der von

dieser Frau aufgezogen worden ist, *nicht* ernsthaft gestört oder gar schizophren sein könnte. Sie ist das Beispiel einer Frau, die es fertig bringt, buchstäblich alle ihre Energien auf eine Erziehung zu verwenden, die ihren Kindern zum Schaden gereicht.« (Seite 48)

Das ist wahrhaft starker Tobak; und so geht es weiter bis zur Schlussfolgerung am Ende des Kapitels:

>Der auffälligste Typ unter diesen Müttern ist die seltsam wirkende, fast psychotische oder gar offenkundig schizophrene Frau, die wir als › schizophrenogen‹ bezeichnen. Die Beschreibungen solcher Frauen klingen unglaublich, verblassen aber immer noch vor der Wirklichkeit.« (Seite 82)

Im Kapitel »Die eheliche Beziehung: Spaltung und verzerrtes Zusammenspiel« wird im Abschnitt über »Irrationalität als Familientradition« noch eins draufgelegt:

>Wir halten diese Frauen als Mütter für typisch › schizophrenogen‹, aufgrund der Art und Weise, wie sie ihre Söhne zur Erfüllung ihres eigenen frustrierten Lebens benötigen und verwenden. Diese Söhne sollten nur Genies sein, und für jedes Versagen und jeden Fehlschlag in ihrem Leben wurden immer nur andere verantwortlich gemacht.« (Seite 137)

Im Schlusskapitel präsentieren die Autoren eine »Theorie der schizophrenen Störungen«, in der die vorher dargestellten »Befunde« und Beobachtungen verallgemeinert werden:

>Die Erkenntnis, dass die Familie, in der der schizophrene Patient aufwächst, bei der Erfüllung dieser Aufgabe in katastrophaler Weise versagt hat, lenkt den Blick nicht nur von der frühen Mutter-Kind-Beziehung ab, sondern von jedem spezifischen traumatischen Geschehen oder Abschnitt im Leben des Kindes und zwingt uns, die permanenten Schwierigkeiten, die während der ganzen Entwicklungszeit des Patienten bestanden haben, in unsere Erwägungen einzubeziehen.« (Seite 242)

Die Voreingenommenheit dieser Texte spricht für sich. Aus heutiger Sicht fragt man sich, wie sie über mehr als ein Jahrzehnt zum allgemeinen Bildungsgut werden konnten. Die Erklärung ist die Folgende:

Die Achtundsechziger, die englische Antipsychiatrie und die Folgen

Die deutsche Nachkriegspsychiatrie war naturwissenschaftlich-medizinisch oder philosophisch (phänomenologisch) ausgerichtet. Psychoanalytische und andere psychodynamische Ansätze hatten es lange Zeit ebenso schwer wie sozialpsychiatrische. Sie wurden als unseriös oder als subversiv zurückgewiesen. Ende der Sechzigerjahre änderte sich das mit einem Schlag. Die gleichen Zeitströmungen, die die achtundsechziger Bewegung beflügelten, verliehen auch dem psychoanalytischen und dem sozialpsychiatrischen Denken einen ungeheuren Entwicklungsschub. Fast gleichzeitig sprangen die Ideen der englischen Antipsychiatrie auf den Kontinent über. Die Schriften Ronald Laings, der die Wurzeln der Schizophrenie (deren Existenz er ohnehin verleugnete) in Familie und Gesellschaft suchte und David Coopers, der den »Tod der Familie« verkündete, wurden ins Deutsche übersetzt und fanden großen Anklang. Der Suhrkamp-Band »Schizophrenie und Familie« mit »Beiträgen zu einer neuen Theorie« von Gregory Bateson, Jackson, Ronald Laing, Theodore Lidz und vielen anderen erlangte eine kaum vorstellbare Popularität.

Zudem galt die Familie im Zeichen des Aufbruchs der Jugend der westlichen Welt in den späten Sechzigerjahren ohnehin als Wurzel allen Übels, als Hort der Reaktion, als Ort der Gängelung und Bevormundung, der Dressur und der Anpassung an die Forderungen der (kapitalistischen) entfremdeten Gesellschaft. Zum anderen erlebten die Psycho- und Sozialwissenschaften nicht nur einen unglaublichen Aufschwung. Entscheidender war die euphorisch-optimistische Überzeugung vieler ihrer Vertreter, dass sie die Probleme unserer Zeit nicht nur erkennen, sondern auch lösen könnten – ob es sich nun um Jugendkriminalität, psychische Störung, Gewalt oder Zwietracht zwischen den Völkern handle. Die Lehre von der »schizophrenogenen« Mutter gehört in diesen Gesamtzusammenhang.

Die Ernüchterung folgte bald. Aber viele der scheinbar plausiblen, wenngleich unüberprüfbaren Ideen blieben bestehen. Sie begaben sich auf den langen Marsch aus den Forschungsstätten in die Universitäten, von den Universitäten in die Fachhochschulen und Fachschulen, in die Ausbildungsstätten von Sozialarbeitern und Krankenschwestern und vor allem in die Redaktionen der Feuilletons von Zeitungen und Zeitschriften, von Rundfunk- und Fernsehanstalten. Als an den Universitäten längst die Parole ausgegeben wurde: »Wir nehmen alles zurück und behaupten das Gegenteil«, wurde die Lehre von der fehlbaren Mutter an der Basis noch als neuste Nachricht gehandelt. An diesem langen Marsch liegt es, dass wissenschaftliche Irrtümer ein so langes zähes Leben haben.

Das lange zähe Leben eines Mythos: die Macht des bösen Wortes

Die Wissenschaft hat die Theorie von der »schizophrenogenen Mutter« längst als Irrlehre erkannt. Zum einen hat sie – wieder einmal – Bescheidenheit lernen müssen: Wir wissen immer noch nicht, was die Ursache der Schizophrenie ist (dennoch können wir relativ sicher sein, dass niemand daran Schuld ist; schizophrene Psychosen treten in allen Kulturen bei völlig unterschiedlichen gesellschaftlichen Bedingungen und Familienstrukturen gleich häufig auf). Zum anderen ist in den letzten Jahrzehnten psychiatrischer Familienforschung deutlich geworden, dass die Beziehungen zwischen psychischer Krankheit, den Kranken und ihren Angehörigen ungleich komplizierter – und wechselseitiger – sind als die Sündenbockforscher der ersten Stunde sich das haben träumen lassen. Dennoch hat der Mythos von der »schizophrenogenen Mutter« sich als außerordentlich zählebig erwiesen. Ich will das im Folgenden an einem ausgewählten Beispiel belegen:

1989 unternimmt Mark Rufer, Schweizer Vertreter einer neuen Antipsychiatrie, in seinem Buch »Irrsinn Psychiatrie« [Zytglogge Verlag, 3. Aufl. 1996 (!)] auf der Jagd nach dem Schuldigen mit beachtlichem Erfolg Wiederbelebungsversuche. Ein Zitate-Verschnitt sei hier wiedergegeben.

»Eine weitere Verhaltensweise von Eltern wirkt oft ›schizophrenogen‹. Der Schwächere wird dabei zum Verantwortlichen des Gesundheitszustandes des Stärkeren gemacht. Häufig geschieht dies in der Beziehung zwischen Mutter und Kind... Durch subtile Veränderungen ihres Gesundheitszustandes kann eine Mutter das Kind steuern, alle seine eigenen Regungen verhindern... Kinder aus diesen Familien werden entweder › manifest geisteskrank‹, oder sie werden zu einigermaßen angepassten, unauffälligen Bürgern, die leicht zu manipulieren sind. Im Interesse der Macht – leicht zu verführen zu hohler Ersatzbefriedigung...

Das letzte und wirksamste Mittel gegen ein zu eigenständiges Kind (oder einen zu eigenständigen Partner) besteht darin, es als › geisteskrank‹ oder › verrückt‹ zu bezeichnen. Es wird vor allem dann eingesetzt, wenn sich Entwicklungen abzuspielen beginnen, die die Autorität und den Einflussbereich der Eltern einschränken: das Hineinwachsen in einen den Eltern nicht genehmen Freundeskreis, erste sexuelle Erfahrungen, Auszugspläne – sowie, in Partnerschaften, erste Emanzipationsversuche der Frau...Den anderen als › geisteskrank‹ zu bezeichnen, ist der entscheidende Vorgang, danach beginnt das Opfer langsam die Rolle des › Verrückten‹ anzunehmen und sich › echt‹ krank zu fühlen. ... Sicher, vordergründig gesehen, leiden Eltern unter der › Erkrankung‹ ihres Kindes; dieser Feststellung muss aber unbedingt beigefügt werden, dass die Eltern und überhaupt alle Angehörigen oft eindeutig von der › Schizophrenie‹ des › Patienten‹ profitieren können... Für die einzig sinnvolle Möglichkeit – nämlich das Verlassen des Elternhauses, verbunden mit dem Abbruch jeglichen Kontakts mit dem ›krank‹-machenden Milieu, fehlt meist die Kraft... Zu der ›krank‹-machenden ›Behandlung‹ durch die Familie gehört eben auch die Isolation des Opfers...«

Mark Rufers Tirade gegen die Familie ist in dieser Ausprägung heute sicher ein Einzelfall. Sie fällt auf den Autor zurück. Bis vor kurzem hätte ich angenommen, solches Festhalten an überwunden geglaubten Mythen sei eine absolute Ausnahme. Während der Arbeit an diesem Text musste ich jedoch feststellen, dass die Vorstellung von der krankmachenden Mutter im Bewusstsein der Öffentlichkeit lebt wie eh und je, nur diskreter und versteckter als vor zwanzig Jahren. Das hängt auch damit zusammen, dass die Literatur aus den siebziger Jahren zum beträchtlichen Teil heute noch verbreitet wird, insbesondere der berühmte Suhrkamp-Band »Schizophrenie und Familie« mit Beiträgen von Gregory Bateson, Don Jackson, Ronald Laing, Theodore Lidz und vielen anderen Vertretern der familien-dynamischen Verursachungstheorie der Schizophrenie. Leider werden die alten Irrwege gelegentlich selbst von Meinungsführern der Psychiatrie – vermutlich gedankenlos – erneut beschritten. Der bekannte Zürcher Psychotherapeut, Jürg Willi, schreibt noch vor wenigen Jahren in der Neuen Zürcher Zeitung (Nr. 66, 1994), jahrzehntelang seien die familiären Bindungen denn vor allem in ihrer krankmachenden Wirkung wahrgenommen worden, »die schizophrenogene Mutter, die Anorexiefamilie, der Koalkoholismus«, um dann festzustellen: »Es ist nicht so, dass es das nicht gibt, dass diese Wahrnehmungen in der Therapie nicht wichtig wären.«

Zügeln wir unseren Zorn. Rufen wir uns in Erinnerung, dass die Wissenschaftler und die Therapeuten, die da zur Hatz auf die Angehörigen Schizophreniekranker blasen, es gut mit den Kranken meinen, dass sie – vielleicht mit Ausnahmen – engagierte »gute« Menschen sind. Empört würden sie den Vorwurf des Hasses gegenüber den Angehörigen zurückweisen; und vermutlich haben sie auch keine solchen Gefühle. Sie sind alle in eine ähnliche Falle geraten wie ganz am Anfang Frieda Fromm-Reichmann. Sie haben eine – wie wir heute wissen – falsche Krankheitstheorie zum Ausgangspunkt ihres Handelns gemacht. Sie haben sich – oft ohne Rücksicht auf Verluste – mit ihren Patienten identifiziert. Sie haben bei dem Krieg gegen die Angehörigen jene andere Seite der Schizophrenie nicht wahrgenommen: dass nämlich die Familie für die meisten Schizophreniekranken immer noch die wichtigste, für viele die einzige soziale und emotionale Bezugsgruppe darstellt.

Allerdings müssen wir uns auch nach Überwindung des Irrweges Rechenschaft darüber ablegen, welche Schlussfolgerungen wir zu ziehen haben. Die wichtigste ist die Auseinandersetzung mit der Frage, wie dynamische Psychotherapie-Verfahren, die die Wurzeln aller psychischer Fehlentwicklungen in der frühen Kindheit sehen, der Falle der Schuldzuweisung an die Eltern entkommen.

Was ist zu tun?

Was ist nun also zu tun? Für die Angehörigen ist es wichtig, sich den Schuh nicht anzuziehen, sich selbst und anderen gegenüber immer wieder zu bekräftigen: »An Schizophrenie ist niemand Schuld!«. Und dazu gehört auch, solche Vorwürfe klar und eindeutig zurückzuweisen – auch und besonders gegenüber Therapeuten. Das ist ein Beitrag zur Stigmabewältigung. Das gehört in Zukunft auch in jedes psychoedukative oder psychoinformative Programm für Angehörige. Längerfristig schadet es nur, wenn man solche Anspielungen oder Vorwürfe um des lieben Friedens willen wegsteckt. Das bedeutet nicht, dass es nicht ratsam ist, sich Rechenschaft über die eigene Familie abzulegen, was da stimmig ist und was nicht: In jeder Familie gibt es Probleme; und aus der neueren Familienforschung wissen wir, dass es Beziehungsgeflechte gibt, die das Zusammenleben mit einem Schizophreniekranken erleichtern und solche, die es erschweren. Hier lohnt es dann, Arbeit zu investieren. Aber das steht auf einem anderen Blatt. Mit Verschulden hat das nichts zu tun; und Schuldvorwürfe ohne Beweise sind infam.

4

Lohnt es sich denn, damit zu leben?

Nicht mehr leben wollen, nicht mehr leben sollen

»Schizophrenie – lohnt es sich eigentlich damit noch zu leben?«, fragte mich unlängst eine bekannte Journalistin, nachdem sie mir kurz zuvor von einem eigenen Aufenthalt in einer psychiatrischen Klinik berichtet hatte. Auf die Diagnose ›Psychose‹ hatte sie mit der trockenen Feststellung reagiert, das sei doch nicht so schlimm. Ohne es zu wissen, brachte sie damit das Dilemma der Schizophreniekranken auf den Punkt: Es ist nicht die Krankheit, die sie und ihr Leben entwertet. Es sind die Vorstellungen, die Gesunde und Kranke damit verbinden, die sie stigmatisieren. Besonders erschreckend – aber möglicherweise bezeichnend – ist in diesem Zusammenhang die Rechtfertigung eines Arztes (Präventivmediziner) und ehemaligen Präsidenten der Schweizer Sterbehilfeorganisation Exit, als er nach dem Versuch, eine dreißigjährige Depressive in den Suizid zu begleiten, unter Druck geriet. Es handle sich um »›eine sang- und klanglose Verblödung‹ führende Jugendschizophrenie« (Willmann 1999).

Lohnt es sich damit denn noch zu leben? Kann man sich vorstellen, dass dies die erste Frage ist, wenn jemand körperlich schwer erkrankt? Es gibt schwere Erkrankungen, bei denen das Schicksal über lange Zeit ungewiss ist, bei denen es gleichsam auf Messers Schneide steht. Aber selbst wenn Gewissheit besteht, dass sie zum Tode führen wird, ist es gesellschaftliche Norm, dass die Kranken die Auseinandersetzung mit der Krankheit aufnehmen, dass sie um ihr Leben kämpfen. Und Medizin und Gesellschaft tun sehr viel, um die Qualität ihres Lebens zu verbessern und zu sichern.

Viele körperliche Krankheiten – von Jahrzehnt zu Jahrzehnt werden es mehr – haben einen langwierigen Verlauf, sind mit Einschränkungen und mit Behinderungen verbunden: Die Zuckerkrankheit, die Polyarthritis, Herz- und Kreislauferkrankungen sind nur einige davon. Auch hier ist die gesellschaftliche Erwartung, dass die Betroffenen lernen, mit Krankheit und Behinderung zu leben. Die Frage, ob dies denn lohne, gilt in diesem Zusammenhang als unpassend, wenn nicht gar als unmoralisch – auch wenn selbst ernannte Sterbehilfevereinigungen in manchen Ländern einen anderen Eindruck erwecken.

Bei der Schizophrenie ist das anders. Und das hängt mit jenen von Susan Sontag (1988) herausgearbeiteten Zuschreibungen zusammen, die ich im ersten Kapitel dargelegt habe und die sich in zwei Sätzen verdichten:

> »Es scheint so, als brauchten alle Gesellschaften eine Krankheit, die sie mit dem Bösen identifizieren und ihren ›Opfern‹ als Schande anlasten können.«

> »Der Kontakt mit jemandem, der von einer als mysteriöses Übel betrachteten Krankheit befallen ist, gilt unvermeidlich als Vergehen oder als Tabuverletzung schon den bloßen Namen solcher Krankheiten wird magische Kraft zugeschrieben.«

Die Schizophrenie ist ganz ohne Zweifel eine solche Krankheit. Die Frage, ob es sich damit denn noch zu leben lohne, wird somit zur versteckten Aufforderung, zu weichen, – zumindest darüber nachzudenken, ob man nicht besser täte, sich das Leben zu nehmen. Die geistige Verknüpfung solcher Haltung mit dem Geist des Nationalsozialismus, in dessen Namen hunderttausendfach der »Gnadentod« gewährt wurde, ist unverkennbar. Das Schlimme an dieser Haltung ist die Tatsache, dass das Risiko, durch eigene Hand zu sterben, bei Schizophreniekranken fünf- bis zehnmal höher liegt als bei der Durchschnittsbevölkerung – und dass es durch eine solche Einstellung ohne jeden Zweifel noch erhöht wird.

»Es ist mein Leben«, hielt eine meiner Patientinnen kürzlich dagegen. »Ich habe kein anderes. Ich will es leben; und ich will sehen, was ich daraus machen kann.« Recht hat sie. Sie verdient Respekt mit dieser Haltung – und alle Unterstützung, die die Gemeinschaft der Gesunden ihr dabei zukommen lassen kann.

Nicht mehr leben wollen

Der leichtfertige Zweifel am Wert des Lebens eines anderen Menschen ist eine Sache; aus guten Gründen nicht mehr leben zu wollen, eine andere. Wenn wir uns mit psychischer Krankheit befassen, kommen wir nicht umhin, uns mit der Frage nach dem Suizid auseinander zu setzen. Denn psychische Störungen gleich welcher Art sind mit einer Erhöhung des Suizidrisikos behaftet. In diesem Zusammenhang mag es wichtig sein festzuhalten, dass Suizidalität zwar Ausdruck oder Symptom von Krankheit sein kann, aber nicht selbst Krankheit ist. Bei psychisch Kranken – außer vielleicht bei sehr depressiven Menschen – ist sie häufiger Krankheitsfolge als Krankheitssymptom.

Es gibt andere soziale Gruppen, deren Selbsttötungsrate vergleichbar ist. Dazu gehören Menschen, die in Trennung leben, allein stehende Männer über 65, Ärzte, Krankenschwestern und Pfleger – insbesondere solche, die in der Psychiatrie tätig sind – und Mitglieder des auswärtigen Dienstes in verschiedenen westlichen Ländern. Allen diesen Risikogruppen gemeinsam – außer Ärzten und Pflegepersonal – sind Vereinsamung, Entwurzelung und soziale Isolierung oder die Angst davor. Hoffnungslosigkeit und Verzweiflung, die zentralen Suizidmotive, können die Folge sein. Ich will das hier nicht vertiefen. Mir liegt an dieser Stelle nur daran, darauf zu verweisen, dass die psychisch Kranken mit dem erhöhten Suizidrisiko nicht allein dastehen. Wichtig ist Folgendes:

»Jeder suizidale Mensch, ob er nun krank ist oder gesund, verdient Achtung statt Ächtung, Anteilnahme statt Ablehnung, Verständnis statt intoleranter Verurteilung, Mitgefühl statt Bestrafung und Entmündigung, Hilfe statt Gleichgültigkeit. Tot sein und nicht mehr weiterleben wollen, sollte als möglicher und einsehbarer Impuls der menschlichen Psyche akzeptiert und nicht länger tabuisiert und diskriminiert werden.« (Scobel 1981)

Suizid als Bilanz einer unerträglichen Lebenssituation?

Die Möglichkeit des Suizids als nüchterne Bilanz einer unerträglichen Lebenssituation ist lange Zeit gerade von Psychiatern heftig bestritten worden. Er ist durch Jean Amerys Plädoyer für den Freitod (1976), aber auch durch die Aktivitäten von Vereinigungen in die Diskusion geraten, die sich Gesellschaften für humanes Sterben nennen. Ich bin davon überzeugt, dass es einen solchen Bilanzsuizid gibt. Ich räume allerdings ein, dass das möglicherweise eine Glaubensfrage ist. Ich will vor allem nicht geltend machen, der Bilanzsuizid sei ein Ausdruck von Freiheit. Er ist vielmehr die bittere Konsequenz einer von außen aufgezwungenen, unerträglichen Wirklichkeit. Karl Jaspers (1932, S. 308 ff.) schreibt dazu:

> »In gänzlicher Verlassenheit, im Bewusstsein des Nichts, ist dem Einsamen der freiwillige Untergang wie eine Heimkehr zu sich selbst. Gepeinigt in der Welt, ohnmächtig, den Kampf mit sich und der Welt fortzuführen, in Krankheit oder Alter dem Versinken in Kümmerlichkeit ausgesetzt, von dem Herabgleiten unter das Niveau des eigenen Wesens bedroht, wird es ein tröstender Gedanke, sich das Leben nehmen zu können, weil der Tod wie eine Rettung erscheint.«

Ich habe vor vielen Jahren (1977) anlässlich einer Untersuchung über den Suizid in der Tagesklinik die Frage aufgeworfen, ob wir unserer Aufgabe gerecht werden, wenn wir den Suizid von Patienten nur als Ausdruck von Krankheit sehen? Unterschätzen wir da nicht das reale Leid, das die Schwere psychischer Behandlung über die Betroffenen bringt: durch unsere Behandlung zwingen wir die Kranken aus ihrer Wahnwelt heraus, ohne sie ganz heilen zu können. Wir konfrontieren sie mit einer Realität, von der wir nicht wissen, ob sie ihr gewachsen sind. Im Extremfall machen wir sie durch unsere Behandlung stark genug, Bilanz zu ziehen und zu folgern, dass sie in dieser Welt keine Chance haben, dass sie in ihr nicht leben wollen. Es ist auffällig, dass fast alle Patienten, an die ich in diesem Zusammenhang denke, ihren Suizid zu einem Zeitpunkt verwirklichten, an dem wir eine längerfristige Besserung bei ihnen festgestellt hatten. So bleibt die nagende Frage, ob wir nicht im Zusammenhang mit der Behandlung Kranker, die an chronischen psychischen Störungen leiden, das Problem des Bilanzsuizids wieder aufgreifen und diskutieren müssen. Verbunden damit ist die Frage, in welcher Weise wir ihnen helfen können, die Bilanz positiv zu ziehen, sich für das Leben zu entscheiden

Hoffnungslosigkeit und Verzweiflung

Psychisch Kranke suizidieren sich aus den gleichen Gründen wie andere Menschen auch: aus Hoffnungslosigkeit und Verzweiflung. Sie nehmen sich das Leben, weil sie keinen anderen Ausweg wissen. Dies festzuhalten scheint mir wichtig. Der Suizid der psychisch Kranken ist, um es drastisch zu formulieren, nicht Ausgeburt ihres Wahns, sondern Reaktion auf eine Lebenssituation, die sie als unerträglich erleben. Gewiss wird dieses Erleben von der Krankheit geprägt. Aber nur ausnahmsweise wird die Krankheitssymptomatik selbst zum unmittelbaren, unvorhersehbaren Auslöser des Suizids.

Mich hat ein Bericht von J. Gestrich und J. Stief (1981) tief beeindruckt, die eigentlich den Studienerfolg schizophrener Tübinger Studenten untersuchen wollten und schockiert feststellen mussten, dass jeder Fünfte von ihnen sich das Leben genommen habe. Sie schreiben dazu:

»Den meisten Suizidhandlungen schienen einfühlbare Motive zugrunde zu liegen. Grundlage der Suizidalität bildeten häufig das
Gefühl, so nicht mehr weiterleben zu können und zu wollen, und
die fehlende Hoffnung, selber oder mit fremder Hilfe an der Situation etwas ändern zu können. Als unerträglich wurden dabei vor allem zwei Umstände erlebt: Isolation und unbefriedigende Partner-
beziehungen zum einen, Erfolglosigkeit im Studium zum anderen.
Die gesunden zur Verfügung stehenden Möglichkeiten, Misserfolge
auf einem dieser beiden Gebiete durch Erfolge auf dem anderen aus-
zugleichen, fehlt den Schizophrenen häufig. Hält der Zustand des
fehlenden Erfolgserlebnisses in der Bewältigung dieser beiden alters-
spezifischen Aufgaben an, und entsteht beim Patienten der Eindruck,
dass sich daran nichts Entscheidendes ändern wird, kann es zur Krise kommen.

Suizidale Impulse treten darum gerne dann auf, wenn nach längerer
stationärer oder teilstationärer Behandlung eine Verlegung in eine
andere Institution, z.B. eine Rehabilitationseinrichtung, ins Auge
gefasst wird. Patienten mit schlechtem Realitätsbezug und latenten
oder manifesten Größenideen erleben die Diskrepanz zwischen
Anspruch und Wirklichkeit schwerer und sind deswegen gefährde-
ter. Liegen noch psychotische Symptome vor oder besteht ein Resi-
dualzustand, können zu großer sozialtherapeutischer Aktivismus,
aber auch ein zu intensives psychotherapeutisches Engagement zur
Angst, den Anforderungen nicht gerecht zu werden, und zu Schuld-
gefühlen, trotz aller Bemühungen des Therapeuten nicht gesund zu
werden, führen und Suizidimpulse heraufbeschwören. Überhöhte
Anforderungen der Angehörigen hinsichtlich Kommunikation und
Leistung können das gleiche Ergebnis haben.

Die meisten unserer Suizidfälle scheinen eine Reaktion auf das
bewusste Erleben der Krankheit und ihrer Folgen im zwischenmenschlichen Bereich und auf dem Leistungsgebiet zu sein... In unserem Krankengut trat der Suizid meist nach Abklingen der produk-
tiven Symptome auf. Gleichwohl gab es auch bei uns Suizide, die auf

paranoide Erlebnisse zurückzuführen waren, z.B. ein Student mit Christus- und Opfertodphantasien, der sich am Karfreitag tötete. Im allgemeinen scheinen uns aber weniger die direkten Krankheitssymptome zum Suizid zu führen, als die wahrgenommenen und als nicht kompensierbar erlebten Folgen der Krankheit.«

Diese Darstellung spricht für sich. Wenn der Krankheitsverlauf langwierig ist, wenn immer wieder Rückfälle auftreten, wenn die Partnerschaft bedroht ist, die Familienbeziehungen gespannt sind, wenn der Arbeitsplatz durch die Krankheit verloren geht, wird das Gefühl von Ausweglosigkeit fast zwingend. Die Möglichkeiten zum Ausgleich sind durch die Krankheit eingeschränkt. Depressivität, gleich welcher Ursache, die Grund- oder Begleitsymptom fast aller psychischer Störungen ist, begünstigt den Weg in die präsuizidale Sackgasse.

Krankheits- und behandlungsbedingte Suizidgründe

Es gibt natürlich auch Suizidgründe, die dem krankhaft veränderten Denken und Fühlen entspringen. Es gibt Wahnwahrnehmungen, sogenannte imperative Stimmen, die den Kranken den Suizid befehlen. Es gibt den depressiven Schuld- oder Versündigungswahn, der mit unkontrollierbaren Suizidimpulsen einhergehen kann. Es gibt den Kontrollverlust gegenüber Suizidgedanken bei Intoxikation und anderen psychoorganischen Syndromen, einschließlich solcher nach Elektrokrampfbehandlung. Dies zu bedenken ist bei der Überwachung solcher Patienten besonders wichtig, die durch einen Suizidversuch – z.B. mit Kohlenmonoxyd – in einen solchen Zustand geraten sind. Schließlich gibt es klinische Bilder, die zur Selbsttötung führen können, ohne dass ein Suizid beabsichtigt ist: Es gibt Kranke, die in der akuten Psychose wähnen, sie könnten fliegen oder den Straßenverkehr aufhalten. Solche Risikokonstellationen, die sich unmittelbar aus der Krankheit ableiten, sind jedoch eher selten.

Bei schizophrenen Kranken kommt es vor, dass die Lebenskraft sich im Verlauf der Krankheit verzehrt. Rückfälle sind Rückschläge. Verschlimmerungen, krisenhafte Zuspitzungen und die Wiederaufnahmen im Krankenhaus verengen die Lebensperspektive. Der Verlust von Freunden, die zunehmende Ungeduld der Eltern oder des Partners sind deprimierende Erfahrungen, die bei untergründiger Depressivität und krankheitsbedingter Verminderung der Vitalität umso einschneidender wirken. Gerade Kranke, die mit ihrem Leiden ringen, die nicht aufgeben wollen, die an den Hoffnungen für ihr Leben festhalten wollen, erleben immer wieder bittere Enttäuschungen. Das gilt insbesondere für junge Menschen, die während einer viel versprechenden Berufsausbildung oder während des Studiums erkranken. Dass sie Therapeuten finden, die an hoch gesteckten Behandlungszielen festhalten, verhindert günstigenfalls ihren sozialen und persönlichen Abstieg. Ungünstigenfalls programmiert es ein unausweichliches Scheitern vor, das in das reale Erleben von Hoffnungs- und Ausweglosigkeit mündet.

Schwindende Kraft und präsuizidales Syndrom

Das Leben mit der schizophrenen Psychose bedeutet für viele Betroffene eine unablässige Anstrengung bei der Bewältigung von psychischen und sozialen Situationen, die Gesunde gar nicht als Belastungen wahrnehmen. Dadurch erklärt sich, dass es bei schizophrenen Kranken zu unvermittelten suizidalen Krisen kommen kann, während Therapeuten und Angehörige eine anhaltende Besserung und Stabilisierung beobachten. Aber auch in solchen Phasen der Remission leben die Betroffenen nicht ohne Anstrengung. Scheinbar nichtige Versagenserlebnisse können das mühsam aufrechterhaltene emotionale Gleichgewicht ins Wanken bringen und eine suizidale Krise heraufbeschwören.

Aus all diesen Gründen ist das präsuizidale Syndrom, wie Ringel (1969) es formuliert hat, bei Psychosekranken oft nicht in der gleichen Deutlichkeit zu erkennen wie bei anderen Suizidgefährdeten. Gewiss findet auch bei ihnen eine zunehmende Einengung der Lebenssituation, der Psychodynamik und der zwischenmenschlichen Beziehungen statt. Gewiss kommt es auch bei ihnen zu Aggressionsstau mit Wendung der Aggression gegen die eigene Person. Gewiss haben auch sie Selbstmordfantasien, die sich konkretisieren, die sie schließlich nicht mehr beherrschen können. Aber vieles spricht dafür, dass es bei ihnen, auf dem Hintergrund einer ständig vorhandenen Basisgefährdung, zu einer viel rascheren krisenhaften Zuspitzung kommen kann als bei anderen Suizidgefährdeten. Damit werden die einzelnen Schritte der suizidalen Entwicklung kaum mehr abgrenzbar. Die Zeiträume für die Erkennung der suizidalen Krise und die Möglichkeiten einer Intervention verkürzen sich.

Vieles spricht dafür, dass die präsuizidale Krise bei schwer depressiven und bei schizophrenen Kranken von der Aktualisierung der Suizidalität bis zur Vollendung der Suizidhandlung manchmal nur Minuten dauert. Dadurch werden die Möglichkeiten des Eingreifens innerhalb der Krise eingeschränkt. Die Suizidprophylaxe muss früher einsetzen – etwa bei der Behandlung der Grundkrankheit oder bei dem Versuch, der Entwicklung solcher Krisen vorzubeugen.

Aspekte der Hoffnung

Die Suizidgefährdung begleitet die Psychose. Sie darf aber nicht zum Leitmotiv des Lebens mit Schizophreniekranken und ihrer Behandlung werden. Das gleiche gilt für eine Reihe von anderen Risiken im Verlauf der Erkrankung: Die Gefahr des Rückfalls in eine akute Krise, der drohende Verlust sozialer Bindungen, aber auch die Gefahr von Nebenwirkungen der Medikamentenbehandlung in ferner Zukunft – wie etwa Spätdyskinesien. Es gilt vielmehr, das Augenmerk auf die Lebensqualität der Kranken hier und jetzt zu richten – die subjektive wie die objektive. Wir müssen uns und den Kranken immer wieder ins Bewusstsein rufen, dass die Psychosen aus dem schizophrenen Formenkreis einen vielfältigen, wechselhaften – und auf lange Sicht eher günstigeren – Verlauf haben und dass ein Rückschlag heute, mag er noch so schwer zu ertragen sein, nichts darüber aussagt, wie die Situation in ein, zwei oder fünf Jahren sein wird.

Manfred Bleuler hat dazu in einem Rückblick auf sein Leben und seinen beruflichen Weg einige wichtige Feststellungen getroffen:

»Die allgemeine Prognose ist besser als früher angenommen, und selbst der Zustand der Chronischkranken verschlechtert sich nicht in jedem Fall. Tatsächlich besteht vom fünften Jahr der Psychose an eine Tendenz zur Besserung. Unsere Therapie wird oft als symptomatisch beurteilt und viele glauben, dass sie durch eine ›echte‹ kausale Therapie ersetzt werden wird, sobald die Ursache der Psychose entdeckt ist. Ich bin überzeugt, dass wir schon heute viel über die Ursache der Krankheit wissen. Dieses Wissen erlaubt es uns, unsere Therapie im Hinblick auf die Genese der Psychose als angemessen, kausal und sehr wichtig anzusehen. Wir meinen, diese Therapie verdient es, weiterentwickelt und mit einem Gefühl der Überzeugung angewendet zu werden: Wir sollten den Patienten in aktive Gemeinschaften eingliedern, Möglichkeiten für die Entfaltung seiner Fähigkeiten schaffen und ihn beruhigen, wenn die Psychose zu quälend ist…« (Bleuler 1985)

… nicht mehr leben sollen

Wenn es so ist, dass so viele Schizophreniekranke sich das Leben nehmen, müssen wir daraus nicht die Schlussfolgerung ziehen, dass ihr Leben ihnen nichts mehr wert war? Müssen wir dann nicht doch jene Frage stellen, die mir immer wieder den Atem stocken lässt: ob es sich denn lohne, mit dieser Krankheit zu leben? Ich meine, sie ist falsch gestellt. Wie wir sehen werden, meint sie auch etwas anderes. Wenn es nur ausnahmsweise die Krankheitssymptome selbst sind, die die Selbsttötung bewirken, in aller Regel aber Hoffnungslosigkeit und Verzweiflung im Gefolge der Erkrankung und als Reaktion darauf, dann stellt sich zunächst die Frage mit allem Nachdruck: Wie können wir den Schizophreniekranken helfen? Wie können ihre krankheitsbedingten Leiden lindern? Wie können wir die Krankheitsfolgen auffangen und die Kranken, wo immer möglich, bei ihrer Überwindung unterstützen?

»Lebensunwertes« Leben?

Ein halbes Jahrhundert nach dem Ende des Dritten Reichs wird kaum jemand offen über »die Freigabe lebensunwerten Lebens zur Vernichtung« debattieren wollen wie Hoche und Binding 1920. Der nationalsozialistische Massenmord an psychisch Kranken und geistig Behinderten verbietet das. Aber machen wir uns nichts vor. Die Vorstellungen, die sozialen Repräsentationen, vom Unwert des Lebens unter bestimmten gedachten Bedingungen wirken fort. Sie mögen sich primär auf das eigene Leben beziehen: So möchte ich nicht leben. Dazu habe ich im ersten Teil dieses Kapitels Jaspers (1932) zitiert: »In gänzlicher Verlassenheit… wird es ein tröstender Gedanke, sich das Leben nehmen zu können, weil der Tod wie eine Rettung erscheint.« Aber dabei bleibt es nicht. Unsere Leitgedanken und Werte übertragen wir wie selbstverständlich auf andere Menschen. Der gedachte Unwert des eigenen Lebens wird so bewusst oder unbewusst zum Maßstab für den Wert des Lebens der anderen: Was für uns selbst gut und richtig ist, kann für andere nicht falsch sein.

Wir sind in den vergangenen Jahren im Streit um die Ansichten des australischen Bioethikers Peter Singer (1984) Zeugen eines solchen Prozesses geworden. Singer hat sich mit Nachdruck dagegen verwahrt, als Protagonist eines neuen Unwerturteils gegenüber psychisch Kranken und Behinderten missverstanden zu werden. Aber nicht wenige Behinderte haben genau dies gespürt: Dass ihr Recht auf Leben in der Gemeinschaft bestritten und beschnitten wird. In der Tat gibt es zu denken, wenn Singer und seine Kollegin Helga Kuhse in ihrem gemeinsamen Buch »Muss dieses Kind am Leben bleiben?« (1993) schreiben:

> »Im Gegensatz zur Nazi-›Philosophie‹ geht es uns nicht um die mythische oder eugenische Idee der Reinheit des Volkes, sondern um das Wohlergehen einzelner Menschen.«

> »Wer heute für aktive Euthanasie eintritt, tut das aus mitfühlender Anteilnahme am Leiden von Individuen... Wenn die Anteilnahme über das betroffene Individuum hinausgeht, dann nur, um auch Last und Leid bestimmter anderer Individuen, etwa der nächsten Angehörigen zu berücksichtigen. Dieses mitfühlende Interesse am Wohlergehen von Individuen ist genau das Gegenteil der Nazi-Haltung. Hätten die Nazi nur einen Bruchteil des Interesses am Wohlergehen des Individuums aufgebracht, das moderne Befürworter der Euthanasie dazu bewegt, sich Gehör zu verschaffen, wäre es niemals zum Holocaust gekommen.«

Wie hieß es doch im so genannten Euthanasieerlass Adolf Hitlers? Erinnern wir uns:

> »Reichsleiter Bouhler und Dr. med. Brandt sind unter Verantwortung beauftragt, die Befugnisse namentlich zu bestimmender Ärzte so zu erweitern, dass nach menschlichem Ermessen unheilbar Kranken bei kritischster Beurteilung ihres Krankheitszustandes der Gnadentod gewährt werden kann.«

Aus der Erlaubnis, »Gnadentod« zu gewähren, wurde staatlich organisierter Massenmord. Der Gedanke an die Legalisierung und Legitimierung der aktiven Sterbehilfe wurde dadurch nur vorübergehend diskreditiert. Die Diskussion darum ist heute angesichts der lebenserhaltenden Möglichkeiten der modernen Medizin lebhafter denn je. Dabei scheint nur wenigen Beteiligten bewusst zu sein, dass eine gesetzliche Verankerung der aktiven Sterbehilfe auch dann eine Lebensunwert-Diskussion voraussetzt, wenn sie sich ausschließlich auf die bewusste Entscheidung des urteilsfähigen Leidenden stützt. Von dort ist es nicht weit zu den Gedanken, die Eugen Bleuler (1936) in einem Aufsatz über die »naturwissenschaftlichen Grundlagen der Ethik« festhält:

> »Eine nicht so einfach zu beantwortende Frage ist die, ob es erlaubt sein sollte, objektiv ›lebensunwertes Leben‹ anderer zu vernichten, ohne den ausdrücklichen Wunsch seines Trägers. Ich würde die Frage ohne weiteres bejahen für die Fälle, wo der Leidende nicht im Stande ist, selber zu verfügen, namentlich, wo es sich nur darum handelt, einen ohnehin sicheren Tod schmerzlos zu gestalten. Auch bei unheilbaren Geisteskranken, die unter ihren Halluzinationen und melancholischen Depressionen schwer leiden und nicht handlungsfähig sind, würde ich einem ärztlichen Kollegien das Recht und in schweren Fällen die Pflicht zuschreiben, die Leiden abzukürzen.«

Diese Sätze wurden vor dem Krieg niedergeschrieben, in einem Land, das vom nationalsozialistischen Terror verschont geblieben ist. Ich würde sie nicht zitieren, wenn ich nicht von der tiefen Menschlichkeit Eugen Bleulers überzeugt wäre. Wenn heute solche Vorstellungen geäußert werden, beweisen sie nur die Hartnäckigkeit und die Dauerhaftigkeit verquerer sozialer Repräsentationen über eine Krankheit, deren Behandlung in den letzten Jahrzehnten Fortschritte gemacht hat wie die kaum einer anderen. Die Metapher der Unheilbarkeit hat sich allen Tatsachen zum Trotz als ebenso hartnäckig erwiesen wie viele andere Schreckensbilder, die sich im Bewusstsein der Öffentlichkeit mit der Schizophrenie verbinden. Die Frage danach, ob es sich denn lohne, damit noch zu leben, wird auf diese unweigerlich zu einer Bedrohung für die Kranken. Sie enthält ein Unwert-Vorurteil.

Unwert-Vorurteil

Das Dilemma der Schizophreniekranken wird dadurch verschärft, dass sie ja selbst Teil der Gesellschaft sind. Da hilft es ihnen auch nicht, dass sie ihre Erfahrungen mit der Psychose in der Regel andere sind. Sie sind authentisch, sie sind wirklich. Die Wirklichkeit ihrer Erfahrungen macht eine Auseinandersetzung mit der Krankheit möglich, nicht aber mit dem Mythos der Krankheit. Die Falle, in der sie sich befinden, ist umso fataler, als sie wegen des gesellschaftlichen Vorurteils gut beraten sind, ihr Leiden zu verbergen und verschweigen. Gleichzeitig müssen sie sich damit konfrontieren, sich auseinander setzen, wenn sie lernen wollen, mit der Krankheit zu leben.

Die Verheimlichung des Leidens führt nicht selten dazu, dass sie in brutaler Weise die Vorurteile der gesunden anderen erfahren, die diese, wenn sie im Bilde wären, aus Höflichkeit verschweigen würden. Dazu gehört auch die Frage, ob es sich denn lohnen könne, mit dieser Krankheit zu leben. Entschlössen sie sich aber, ihre Krankheit zu offenbaren, liefen sie Gefahr, isoliert und zurückgewiesen und nicht mehr für voll genommen zu werden. Sie befinden sich also in einer klassischen Doublebind-Situation, die keineswegs dazu angetan ist, ihr Krankheitsbewältigungsverhalten zu unterstützen und zu ermutigen.

Sehr viel spricht dafür, dass die zweite Krankheit – »Das Stigma« – im Zusammenhang mit der Frage nach dem Sinn des eigenen Lebens von ebenso großem Gewicht wie die Krankheitserfahrung selbst. Das öffentliche Vorurteil sagt fünfzig Jahre nach dem Ende des Dritten Reiches mehr oder weniger unverhüllt immer wieder: »Es lohnt sich nicht, mit einer solchen Krankheit zu leben. Dein Leben ist lebensunwert. Wenn ich an deiner Stelle wäre, ich würde mich vor den Zug werfen.« (Dieses Beispiel ist nicht erfunden.) Diese Entwertung ist es, die es den Kranken oft schwer macht, sich zu behaupten, ein Mindestmaß an Selbstwertgefühl aufrechtzuerhalten, die sie ständig – und mit gutem Grund – um ihre sozialen Beziehungen fürchten lässt. Und dies alles geschieht auf dem Hintergrund von Krankheitssymptomen, die soziale Verletzlichkeit bedingen und soziale Kompetenz mindern.

Ich will es zum Abschluss noch einmal auf den Punkt bringen: Die Frage: Lohnt es sich denn, damit noch zu leben? wird unbedacht – oder zynisch – im Zusammenhang mit Schizophrenie erschreckend häufig von nichtbetroffenen Gesunden gestellt. Sie ist Teil des Vorurteils gegenüber der Krankheit, das mit einem Unwerturteil verbunden ist. Sie kann auf diese Weise zur versteckten Aufforderung zum Suizid werden. Sie setzt viele Kranke unter Druck. Sie engt ihre Möglichkeit ein, ihre Krankheit unbelastet von fremdem Druck zu erfahren und sich selbst ein Bild davon zu machen, was »lohnt« und was nicht. Wir müssen uns der Last der zweiten Krankheit auch unter dem Aspekt der Suizidgefährdung bewusst sein und die Auseinandersetzung mit dem öffentlichen Vorurteil zum Bestandteil des therapeutischen Prozesses in der Auseinandersetzung mit der Krankheit selbst machen.

5

Unberechenbar und gefährlich?

Lafontaine, Schäuble und die Folgen

Wenn ein besonders widerwärtiges Verbrechen geschieht, wenn bei einer Gewalttat kein Motiv zu erkennen – oder wenn es nicht nachzuvollziehen ist, wenn ein Gesetzesbrecher sich »unein-fühlbar« verhält, konfrontiert uns die Boulevardpresse unwei-gerlich mit Schlagzeilen wie »irre Mörder«, »gemeingefährliche Geisteskranke« oder »verrückte Sexualverbrecher«. Allzu oft stellt sich im Rahmen der Aufklärung der jeweiligen Taten he-raus, dass die »unverständlichen« Handlungen keineswegs von psychisch Kranken, schon gar nicht von Schizophreniekranken begangen worden sind, sondern von Menschen in krisenhafter Zuspitzung, emotionaler Verstrickung – ohne Zeichen psychi-scher Störungen.

Das Bild vom »geisteskranken« Gewaltverbrecher ist allgegen-wärtig.

Die Vorstellungen der Allgemeinheit von schwerer psychischer Krankheit, insbesondere von Schizophrenie, machen solche Denkautomatismen offenbar unausweichlich. Sie tragen auf diese Weise nicht nur zur Verstärkung der Stigmatisierung und Diffa-mierung psychisch Kranker bei. Sie verfestigen zugleich die meta-phorische Bedeutung des Schizophreniebegriffs mit den schlim-men Auswirkungen, die ich im zweiten Kapitel dargestellt habe. Drei Jahrzehnte psychiatrische Öffentlichkeitsarbeit, ungezählte Ansätze im Rahmen der Psychiatriereform, das Bild von psy-chisch Kranken und psychischer Krankheit in der Öffentlich-keit zu verändern, haben ganz offensichtlich nur wenig bewirkt. Im Gegenteil, die Feststellungen von Cumming und Cumming

(1957), von Stumme (1975) und von Bauer, Scherer, Stumme und mir (1975) in unseren Gutachten zur Psychiatrieenquête sind immer wieder bestätigt worden.

Die übliche Form der Öffentlichkeitsarbeit erreicht den Kopf, nicht den Bauch. Die latent vorhandenen Ängste werden rational kontrolliert, nicht überwunden. Sie brechen rasch wieder hervor, wenn ein spektakuläres Ereignis für Aufregung sorgt. Der skrupellosen auf Sensationslust setzende Umgang der Medien mit solchen Ereignissen trägt das seine dazu bei. Wie dünn die Schicht der Vernunft ist, haben die Reaktionen von Medien, Öffentlichkeit und Bevölkerung auf die Politikerattentate des Jahres 1990 schlagartig deutlich gemacht.

Psychische Krankheit und seelische Gesundheit sind keine absoluten Größen. Alle Gesunden leiden zeitweise unter Ängsten und Beschwerden, die bei stärkerer Ausprägung als Symptome psychischer Krankheit zu werten sind. Alle Kranken haben Persönlichkeitszüge, in denen sie sich nicht von Gesunden unterscheiden. Niemand wird das ernsthaft bestreiten. Es gibt also auch keinen guten Grund, psychisch Kranke und geistig Behinderte aus der Gemeinschaft der Gesunden auszuschließen. Oder doch?

Die Verlagerung des Schwerpunktes der psychiatrischen Versorgung aus dem Krankenhaus in die Gemeinde hat das Ziel, die Ausgrenzung der psychisch Kranken zu überwinden. Die Psychiatrie hat den Wandel von der Anstaltspsychiatrie zur gemeindenahen Psychiatrie, vom Vorrang der Verwahrung zum Vorrang von Therapie und Wiedereingliederung mit großer Selbstverständlichkeit beschritten. Nur selten wurde die Frage gestellt, ob die Gemeinschaft der Gesunden bereit ist, die Risiken und Belastungen zu tragen, die mit dem vermehrten Leben sichtbar psychisch Kranker und Behinderter in ihrer Mitte verbunden sind. Es kann kein Zweifel bestehen, dass die neue Psychiatrie verständliche Bedürfnisse der Allgemeinheit nach Sicherheit und

Schutz vor Belästigung weniger gut befriedigt als die klassische Verwahrpsychiatrie.

Auswirkungen der Attentate auf Lafontaine und Schäuble

Solche Zwischenfälle kommen vor. Immer wieder werden psychisch Kranke auffällig. Gelegentlich ermittelt die Staatsanwaltschaft wegen Verletzung der Aufsichtspflicht gegen Therapeuten. Immer wieder treten geschädigte Bürger mit Forderungen an psychiatrische Einrichtungen heran. Im Zusammenhang mit eher seltenen spektakulären Ereignissen kommen Ängste vor der potenziellen Unberechenbarkeit und Gefährlichkeit aller psychisch Kranker auf. Da hilft es wenig, auf gut abgesicherte wissenschaftliche Untersuchungen zu verweisen, dass psychisch Kranke und geistig behinderte Menschen nicht häufiger gewalttätig sind als Gesunde. Drei Jahrzehnte Psychiatriereform, ebenso lange intensive Öffentlichkeitsarbeit und große Fortschritte bei der Behandlung von manisch-depressiven und schizophrenen Psychosen haben nur scheinbar einen nachhaltigen Wandel der Einstellung zur Öffentlichkeit gegenüber den psychisch Kranken bewirkt. Die Politikerattentate des Jahres 1990 haben das schlagartig deutlich gemacht. Ähnliches gilt im übrigen auch für die eher seltenen Gewalttaten psychisch kranker Rechtsbrecher im Rahmen der Rehabilitation wie zuletzt in Lippstadt in Westfalen. Darauf werde ich noch eingehen.

Die Attentate

Zur Erinnerung: Im Frühjahr 1990 verletzte eine psychosekranke Frau am Ende einer Wahlveranstaltung den SPD-Kanzlerkandidaten Oskar Lafontaine aufs Schwerste. Wenige Monate später schoss ein psychosekranker Mann auf den damaligen Bundesinnenminister Wolfgang Schäuble und brachte ihm Verletzungen bei, die diesen lebenslang an den Rollstuhl fesseln werden.

Die Berichterstattung über diese tragischen Ereignisse erschöpfte sich nicht in der umfassenden Darstellung der Lebensumstände und der Krankheitsgeschichte der unglücklichen Täter. Sie verhalf zugleich bestimmten Formen psychischer Krankheit zu einer in dieser Form nie dagewesenen unerwünschten abwertenden Publizität.

Diese gipfelte in der Forderung eines konservativen Publizisten nach Registrierung und Internierung aller potenziellen psychisch gestörten Mörder und Totschläger – wie immer diese im voraus zu erkennen sein mögen. Aufgrund seiner Diffusität konnte dieses Ansinnen als Hatz auf alle psychisch Kranken verstanden werden. Diese Forderung war zunächst im Leitartikel einer großen Tageszeitung drastisch formuliert worden. Wenig später wurde sie in einer auch von psychisch Kranken viel beachteten Diskussionssendung (»Talk im Turm«) Gegenstand einer kontroversen Auseinandersetzung. Bemerkenswert an dieser Fernsehsendung waren weniger die allgegenwärtigen Vorurteile gegenüber psychisch Kranken, als die allumfassende Unkenntnis auch der meisten eingeladenen so genannten Experten. Viele der von psychischer Krankheit betroffenen Zuschauerinnen und Zuschauer erlebten die Sendung damals als nachhaltige Bedrohung, die tief in ihr Alltagsleben hineinwirkte. Sie bekamen Angst. Sie trauten sich selbst im Freundeskreis nicht mehr, über ihre Krankheit zu sprechen.

Zufällige Repräsentativbefragung

In der Tat war die Medien- und Boulevardberichterstattung mit ihren Auswüchsen nur die Spitze eines Eisbergs. Eine Studie des Mannheimer Sozialpsychiaters und Epidemiologen Matthias C. Angermeyer (1994) über die Einstellung der deutschen Bevölkerung zu psychisch Kranken, die in Form einer Repräsentativbefragung zufällig unmittelbar vor dem ersten Politikerattentat durchgeführt worden war und wenige Wochen danach gezielt

wiederholt wurde, belegt einen tief greifenden Einstellungswandel. Die erneute Wiederholung nach dem zweiten Attentat
sowie ein Jahr später machte deutlich, dass dieser nicht von vo-
rübergehender Natur ist.

Angermeyer und seine Mitarbeiter hatten im Frühjahr 1990
eine Repräsentativerhebung zu Einstellungen der Bevölkerung
in der Bundesrepublik Deutschland gegenüber psychischen Erkrankungen und psychisch Kranken durchgeführt. Diese Erhebung war zum Zeitpunkt des Anschlages auf Lafontaine prak-
tisch abgeschlossen. Das Attentat war Anlass, die Befragung in
den darauf folgenden Monaten zu wiederholen, um einer möglichen Änderung der Einstellung nachzuspüren. In den Interviews wurde u.a. danach gefragt, welche Beziehungs- und Kon-
taktformen die befragten Personen mit Menschen einzugehen
bereit waren, deren psychische Störung in einem kurzen Text
ohne Nennung einer Diagnose geschildert wurden. Dargestellt
wurden das Krankheitsbild einer schizophrenen Psychose und
das einer Depression. Gefragt wurde nach sieben typischen So-
zialbeziehungen: Untervermietung eines Zimmers, Zusammenarbeit am gleichen Arbeitsplatz, Duldung als Nachbar, Betrau-
ung mit Kinderbeaufsichtigung, Verwandtschaftsbeziehungen
durch Einheirat in die Familie, Mitgliedschaft im Bekanntenkreis
und Vermittlung einer Arbeitsstelle.

Die Ergebnisse der Befragung zeigen, wie labil die Toleranz
gegenüber psychisch Kranken ist. Im Gefolge der Attentate kam
es zu drastischen Veränderungen. Bei bis zu einem Viertel der
Befragten nahmen Misstrauen und Ablehnung erheblich zu. Bei
der zweiten und der dritten Erhebung wurden zusätzlich Stereotype untersucht. Anhand einer Liste von positiven und negativen Eigenschaften wurde nach Merkmalen gefragt, die die
Interviewten mit dem Etikett »psychisch krank« in Verbindung
brachten. Auch hier zeigte sich von der zweiten zur dritten Befragung ein deutlicher Einstellungswandel zum Negativen.

Im Einzelnen hatten vor dem Attentat auf Lafontaine weniger als ein Fünftel der Befragten Bedenken gegen einen Psychosekranken als Nachbarn; nach dem Attentat an Schäuble waren es fast doppelt so viele. Ähnlich war die Relation bei der Vorstellung, einen psychisch Kranken als Arbeitskollegen zu haben, ihn im Bekanntenkreis, (durch Einheirat) in der Familie zu dulden oder ihm die Kinderaufsicht anzuvertrauen. In all diesen theoretisch vorgestellten Beziehungskonstellationen nahm die Ablehnungsquote um 16 bis 20 Prozentpunkte zu. Am drastischsten wuchsen die Bedenken bei der Vorstellung, einen Kranken als Untermieter in der eigenen Wohnung zu beherbergen (25 Prozent). Dabei war die Ausgangssituation recht unterschiedlich, sodass sich nach dem Schäuble-Attentat immerhin noch zwei Fünftel vorstellen konnten, einen psychisch Kranken als Arbeitskollegen oder als Nachbarn zu dulden, aber nur noch ein Viertel eine Einheirat in die Familie und weniger als 15 Prozent die Betreuung eines Kindes.

Bei den mit psychischer Störung in Verbindung gebrachten Stereotypen »gefährlich, aggressiv, unvernünftig, unheimlich, fremdartig, unbeherrscht, unberechenbar«, die erstmals nach dem Lafontaine-Attentat abgefragt wurden, kam es zu einer Zunahme der negativen Bewertung um durchschnittlich zehn Prozent. Auch hier war die Ausgangslage unterschiedlich. Im Mai 1990 hielten rund 20 Prozent der Bevölkerung psychisch Kranke für gefährlich. Im Dezember waren es 30 Prozent. Im Mai verbanden etwas mehr als die Hälfte der Befragten die Eigenschaften »unberechenbar« mit psychisch Kranken; im Dezember waren es mehr als zwei Drittel. Die Wiederholung der Befragungen im Laufe des Jahres 1991 zeigte, dass die Distanz zu den psychisch Kranken zwar wieder etwas zurückging. Ein Jahr nach den Attentaten lag sie aber immer noch deutlich über dem Ausgangniveau.

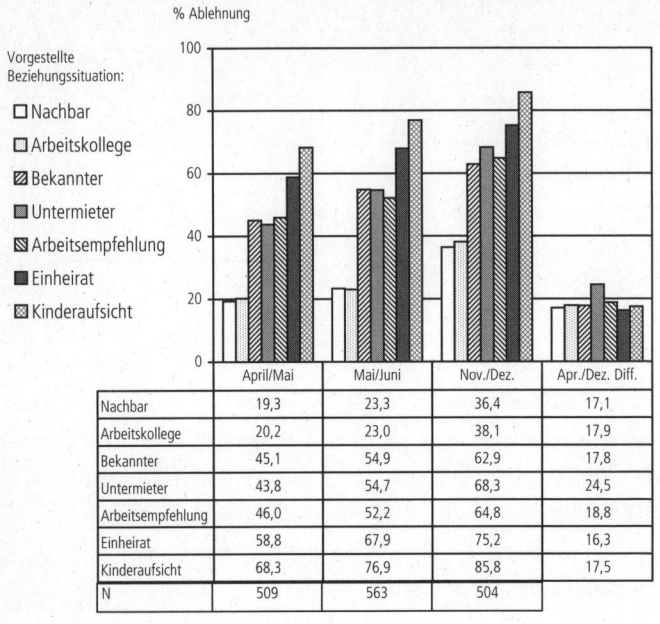

Abb. 1: Soziale Distanz zu psychisch Kranken. Ablehnung schizophrener Männer 1990 (Angermeyer und Siara 1994)

% Ablehnung

Vorgestellte Beziehungssituation:

☐ Nachbar
☐ Arbeitskollege
▨ Bekannter
■ Untermieter
▧ Arbeitsempfehlung
■ Einheirat
▨ Kinderaufsicht

	April/Mai	Mai/Juni	Nov./Dez.	Apr./Dez. Diff.
Nachbar	19,3	23,3	36,4	17,1
Arbeitskollege	20,2	23,0	38,1	17,9
Bekannter	45,1	54,9	62,9	17,8
Untermieter	43,8	54,7	68,3	24,5
Arbeitsempfehlung	46,0	52,2	64,8	18,8
Einheirat	58,8	67,9	75,2	16,3
Kinderaufsicht	68,3	76,9	85,8	17,5
N	509	563	504	

Die beiden Abbildungen aus Angermeyers Veröffentlichung (1994) verdeutlichen dies in eindrucksvoller Weise.

Die Hoffnung, dass der beschriebene Anstieg der emotionalen und sozialen Distanz nur über kurze Zeit anhalten würde, hat sich, so Angermeyer, nicht erfüllt.

Verstörte Kranke, verunsicherte Angehörige

Schizophreniekranke sind von dem festgestellten Einstellungswandel in besonderer Weise betroffen. Sie stoßen in der Öffentlichkeit auf ein höheres Maß von Ablehnung – und zwar in allen Bevölkerungsgruppen in ähnlicher Weise. Bemerkenswert ist in diesem Zusammenhang Angermeyers Befund, dass die Einstellung zu psychisch Kranken bei professionellen und Laien-

Abb. 2: Zuschreibung negativer Eigenschaften gegenüber psychisch
Kranken, Entwicklung im Jahre 1990 (Angermeyer und Siara 1994)

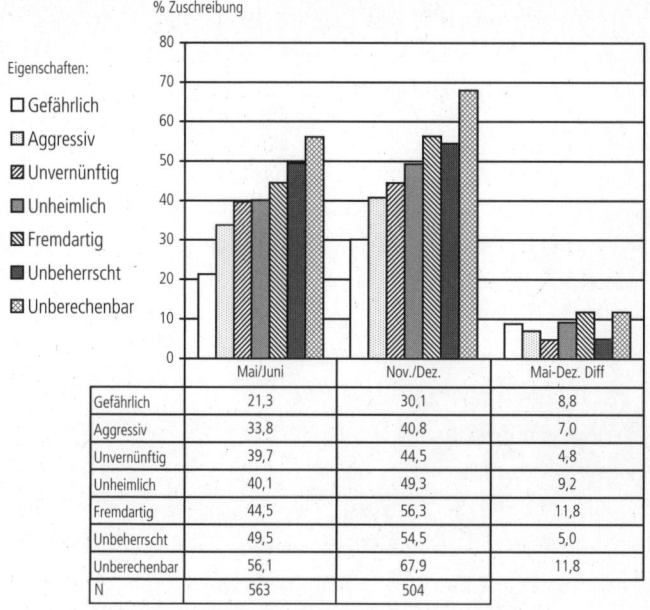

% Zuschreibung

Eigenschaften:

☐ Gefährlich
☐ Aggressiv
▨ Unvernünftig
■ Unheimlich
◪ Fremdartig
■ Unbeherrscht
▦ Unberechenbar

Eigenschaften	Mai/Juni	Nov./Dez.	Mai-Dez. Diff
Gefährlich	21,3	30,1	8,8
Aggressiv	33,8	40,8	7,0
Unvernünftig	39,7	44,5	4,8
Unheimlich	40,1	49,3	9,2
Fremdartig	44,5	56,3	11,8
Unbeherrscht	49,5	54,5	5,0
Unberechenbar	56,1	67,9	11,8
N	563	504	

helfern sowie bei Personen mit unmittelbaren beruflichen Kon-
takten zu Psychosekranken am stabilsten ist. Bei diesen Gruppen treten während des gesamten Untersuchungszeitraums
kaum Schwankungen auf.

Demgegenüber sind neben den Befragten, die keine Kontakte
zu psychisch Kranken haben, die Patienten selbst und deren Angehörige am stärksten verunsichert und verängstigt. Bei den
Kranken und ihren Angehörigen nimmt die gemessene soziale
Distanz von knapp 30 auf fast 50 Prozent zu, bei den Personen
ohne persönliche Kontakte zu psychisch Kranken von zwei
Fünfteln auf zwei Drittel.

Angermeyer und Mitarbeiter vermuten, dass die unerwartete
Alarmreaktion bei den Kranken selbst auf ein vermehrtes Be-

streben nach Abgrenzung zurückzuführen ist. Obgleich sie mit ihren seelischen Problemen psychiatrische Hilfe in Anspruch nehmen, scheinen sie mit ihrer Distanzhaltung demonstrieren zu wollen, dass sie nichts mit jenen psychisch Kranken zu tun haben, die mit Gewalt und Mordanschlägen in der Öffentlichkeit in Erscheinung treten. Die durch die Attentate problematisierte Krankenrolle psychiatrischer Patienten führe bei den Kranken selbst und bei ihren Angehörigen deswegen nicht zu einer verständigen und toleranten Reaktion. Sie münde eher in den Versuch, sich von solchem Extremverhalten abzugrenzen.

»Gewalttaten Geistesgestörter« – Untersuchungsergebnisse von Wolfgang Böker und Heinz Häfner

Wie steht es nun wirklich mit der Unberechenbarkeit, der Gewalttätigkeit und der Aggressivität psychisch Kranker? Wie steht es insbesondere bei jener Gruppe von Kranken, die uns hier besonders interessiert, den Schizophreniekranken? Um diese Frage zu beantworten, werde ich im Folgenden – mit einiger Ausführlichkeit – in zwei Schritten die Ergebnisse fundierter wissenschaftlicher Untersuchungen wiedergeben. Zunächst werde ich mich mit einer mittlerweile älter gewordenen, aber immer noch gültigen epidemiologischen Untersuchung von Wolfgang Böker und Heinz Häfner über die »Gewalttaten Geistesgestörter« (1973) beschäftigen. In einem zweiten Schritt werde ich dann auf neuere Untersuchungsergebnisse eingehen.

Die mittlerweile klassische Untersuchung des vormaligen Leiters und Gründers des Mannheimer Zentralinstituts für Seelische Gesundheit, Prof. Dr. Heinz Häfner und des früheren Direktors der Berner Psychiatrischen Universitätsklinik Waldau, Prof. Dr. Wolfgang Böker, markiert einen wichtigen Schritt der Reform der psychiatrischen Krankenversorgung in Deutschland auf dem Wege von der geschlossenen psychiatrischen Anstalt zur offenen Behandlung psychisch Kranker in der Gemeinde. Diese Entwicklung war mit Ängsten verbunden, sie ist es weiterhin. Die oben referierten Auswirkungen der Attentate auf Schäuble und Lafontaine auf die öffentliche Meinung belegen das. Es war ein erklärtes Ziel der Untersuchung Bökers und Häfners, diesen Ängsten zu begegnen und zu prüfen, in welchem Umfang und in welcher Hinsicht sie begründet sind. Empirische Basis der Untersuchung waren eine epidemiologische Totalerhebung über alle erfassbaren psychisch Kranken und geistig Behinderten in der Bundesrepublik, die zwischen dem 1.1.1955 und dem 31.12.1964 eine Gewalttat begangen hatten.

Wichtigste Ergebnisse

Die wichtigsten Ergebnisse der Böker-Häfnerschen Untersuchung, die 1973 als Monografie erschien, vermitteln Folgendes:
»Verglichen mit der Gesamtheit der Gewalttäter in der strafmündigen Bevölkerung, stellen die Geistesgestörten rund 3 Prozent der Täter. Das entspricht etwa der Häufigkeit dieser Erkrankungen in der Erwachsenenbevölkerung. Daraus folgt, dass Geisteskranke und Geistesschwache insgesamt nicht häufiger, aber auch nicht wesentlich seltener zu Gewalttätern werden als Geistesgesunde.
Dem Aufenthalt in einem psychiatrischen Krankenhaus folgt eine Risikoperiode. Rund 37 Prozent der bereits einmal psychiatrisch hospitalisierten Täter begehen die Gewalttat im ersten Halbjahr nach der Entlassung. Die Tatmotive geistesgestörter Täter weichen von denen der geistesgesunden erheblich ab, nur bei schwachsinnigen Tätern besteht weitgehend Übereinstimmung mit der Motivrangliste der geistesgesunden Täter. Die Opfer geistesgestörter Täter sind, vor allem bei Kranken mit affektiven Psychosen und Wahnkrankheit, die engsten Beziehungspartner: Ehepartner, Liebespartner oder Kinder.«
Mit anderen Worten, einige der schwerwiegendsten Vorurteile über Gefährlichkeit und Unberechenbarkeit von psychisch Kranken treffen nicht zu. Gewalttaten Geistesgestörter sind vor al-

lem nicht häufiger als die »Normalen«. Das gilt insbesondere für geistig Behinderte (sog. Schwachsinnige) und Kranke, die an Depressionen leiden. Bei ihnen liegt das Risiko, eine Gewalttat zu begehen, zehnmal niedriger als bei der Normalbevölkerung. Lediglich Kranke mit Störungen aus dem schizophrenen Formenkreis bilden eine gewisse Ausnahme. Bei ihnen liegt das Risiko höher, wenn auch nicht wesentlich höher als bei der Durchschnittsbevölkerung.

Fremdaggression und Selbsttötung

Aufgrund dieser Fakten diskutieren die Autoren die Möglichkeit, »dass nicht die Geisteskrankheit selbst, sondern sekundäre Prozesse für das Begehen der Gewalttat oder die Erhöhung des Gewaltrisikos ausschlaggebend sind«. Im letzten Fall wäre anzunehmen, dass diese sekundären Prozesse erst nach längerem Verlauf der Krankheit in Gang kämen oder über das Maß der Kontrollierbarkeit hinauswachsen würden. Für diese Möglichkeit spricht unter Umständen die von den Untersuchern völlig unerwartete Tatsache, dass eine besonders deutliche Risikoperiode nach Aufenthalten in psychiatrischen Krankenhäusern auftritt. Zwar waren die Hälfte der erfassten Täter nie in psychiatrischer Krankenhausbehandlung gewesen – im Hinblick auf die fünf Jahre übersteigende durchschnittliche Krankheitsdauer eine bemerkenswerte Tatsache. Aber von den Übrigen begingen mehr als ein Drittel die Tat innerhalb von sechs Monaten nach der Krankenhausentlassung.

»Diese Risikophase wird von den Kranken häufig ohne den Schutz einer klinischen oder ambulanten Behandlung erfahren«, stellen Böker und Häfner fest. In dieser Phase nach der Krankenhausentlassung ist der Patient, der in der Regel noch nicht voll genesen ist, zugleich erhöhten Anforderungen von Familie und beruflicher Umwelt ausgesetzt. Nach der Rückkehr aus dem Krankenhaus muss er versuchen, seine alten Positionen und zwischenmenschlichen Beziehungen wieder zu übernehmen und zu bewältigen; nicht selten ist er gezwungen, sich an einem neuen Arbeitsplatz einzuarbeiten. Diese verstärkten sozialen Belastungen ohne Behandlungsschutz führen immer wieder zum klinischen Rückfall, auch ohne dass es zu Gewalttaten oder zum Suizid kommen muss.

»Die Folgerung, die sich daraus für die Organisation der psychiatrischen Therapie und die Organisation psychiatrischer Einrichtungen und Versorgungssysteme ergibt, lautet: vorbeugende, helfende oder stützende Maßnahmen gegen Selbstgefährdung müssen bei der überwiegenden Mehrzahl der Kranken im Vordergrund stehen. Nur ein sehr kleiner Teil der zu versorgenden Kranken bedarf sichernder Maßnahmen oder Einrichtungen zur Verringerung der Gefährlichkeit gegen andere.«

Psychische Krankheit und Gewalt

Bökers und Häfners Ergebnisse sind dreißig Jahre alt. Sie sind deswegen nicht falsch. Aber sie wurden vor Beginn der Psychiatriereform erhoben; zudem bezogen sie sich auf Gewalttaten im engeren Sinne, also auf Mord und Totschlag. Sie ließen Körperverletzungen, gefährliche Bedrohungen und andere Aggressionshandlungen unberücksichtigt. Außerdem blieb in früheren Zeiten und in früheren Untersuchungen fast immer jene Gewalt unberücksichtigt, die von psychisch gestörten Menschen innerhalb der Anstalt oder innerhalb der Familie ausging. Deshalb bleibt bei den neueren Ergebnissen offen, ob und wieweit sie mit der Veränderung der psychiatrischen Behandlungspraxis zusammenhänge, oder ob sie nur das Ergebnis einer anderen Betrachtungsweise sind. Geändert hat sich in der Tat sehr viel.

Der derzeitige Stand des Wissens wurde auf zwei internationalen Symposien in Leipzig 1997 und Castelvecchio 1999 zusammengetragen, an denen ich teilnehmen durfte. Die wichtigsten Ergebnisse und Befunde seien im Folgenden zusammengefasst:

Sheilagh Hodgins, forensische Psychologin an der Universität von Montreal und am Stockholmer Karolinska Institut, brachte die Problematik in beiden Symposien auf den Punkt: Umorientierung von der Anstaltspsychiatrie zur gemeindenahen und ambulanten Versorgung, wo immer möglich; drastische Verkürzung der Verweildauer – auch aus Kostengründen – (derzeit durchschnittlich auf völlig ungenügende neun Tage in den USA); Stärkung der Rechte der Kranken, die Behandlung zu verweigern; Zunahme von Arbeitslosigkeit, Obdachlosigkeit und Mangel an sozialer Unterstützung bei psychisch Kranken; massive Ausbreitung sekundären Alkohol- und Drogenmissbrauchs bei vielen psychisch Kranken, oft als Ausdruck und Folge unzureichender Nachsorge und mangelnder sozialer Unterstützung.

Alkohol als komplizierender Faktor

Solche Faktoren schlagen sich in den Ergebnissen von Per Lindqvist vom Karolinska Institut nieder, der bei Schizophreniekranken zwar eine Erhöhung von aggressiven Handlungen in Form von tätlichen Angriffen und Bedrohungen um das Vierfache gegenüber der Durchschnittsbevölkerung fand. Diese standen in einem Drittel der Fälle aber im Zusammenhang mit Konfrontationen mit der Polizei nach Ladendiebstählen oder auffälligem sozialem Verhalten, die in der Öffentlichkeit nachweislich unter Alkoholeinfluss begangen wurden. Wichtig ist es hervorzuheben, dass nur eine von 644 Schizophreniekranken oder ehemals Schizophreniekranken im Laufe von 14 Jahren begangenen Angriffshandlungen von den schwedischen Wissenschaftlern als schwerwiegend klassifiziert wurde.

Die Verbindung von Alkoholmissbrauch und aggressivem Verhalten psychisch Kranker wurde auch von englischen und amerikanischen Wissenschaftlern wie Simon Wessely von der University of London, John Monahan von der University of Virginia und Marvin Swartz von der Duke University in North

Carolina immer wieder hervorgehoben. Dass Alkohol- und Drogenabhängigkeit allein oder in Kombination mit psychischer Krankheit ein sehr viel bedeutsamerer Risikofaktor für aggressives oder gewalttätiges Verhalten ist als – auch schwere – psychische Krankheit allein, war eines der wenigen Ergebnisse des Symposiums, über die allseits Einigkeit bestand.

Notwendige Nachsorge

Die zentrale Bedeutung der Nachsorge bei psychisch Kranken, die wegen gewaltsamer Handlungen forensisch-psychiatrisch begutachtet und anschließend erfolgreich behandelt worden waren, unterstrich Per Lindqvist auf der Basis einer umfangreichen schwedischen Untersuchung aus den Jahren 1988-1995. Er stellte fest, dass die Gefahr, erneut gewalttätig zu werden, im ersten Jahr nach der Entlassung bei psychisch kranken wie bei psychisch gesunden Straftätern im Jahr nach der Entlassung um ein Vielfaches erhöht ist, weil in Schweden aus rechtlichen Gründen ein eklatanter Mangel an wirksamen Behandlungs- und Bewährungsauflagen besteht.

John Monahan, der Ergebnisse aus der wohl umfangreichsten Untersuchung über mögliche Beziehungen zwischen psychischer Krankheit und Gewalt mitteilte, der McArthur Violence Risk Assessment Study, unterstrich die Bedeutung der Nachbehandlung auch für Kranke, die bis dahin nicht durch aggressive Handlungen aufgefallen waren: Wenn es dazu kam, geschah dies regelmäßig in den ersten drei Monaten nach Klinikentlassung im Anschluss an eine durchschnittlich neuntägige, meist unzureichende Klinikbehandlung ohne ausreichende ambulante Nachbetreuung. Unter aggressiven Handlungen verstand auch Monahan vorwiegend Bedrohung, tätliche Angriffe und Körperverletzungen. Bemerkenswert ist, dass diese sich bei Männern überwiegend im öffentlichen Raum ereigneten, bei Frauen dagegen zu Hause.

Diese Feststellung wurde von der Psychiatrieanthropologin

Sue Estroff von der University of North Carolina spezifiziert: Häufigstes Opfer ist die Person, die den Kranken am nächsten steht. Neben Geschwistern, Vätern und anderen Angehörigen des Haushalts ist das in der Regel die Mutter. Auch darüber bestand auf dem Symposium Einigkeit: Die unvermittelte Attacke psychisch Kranker auf völlig Fremde, die dem verbreiteten Vorurteil der Unberechenbarkeit und Gefährlichkeit psychisch Kranker zugrunde liegt, ist eher die Ausnahme. Häufigstes Angriffsziel sind neben Angehörigen Therapeutinnen und Therapeuten und Personen, die im öffentlichen Raum mit auffälligem Verhalten psychisch gestörter Menschen konfrontiert werden wie Polizeibeamte oder Beauftragte der Ordnungsbehörden. Bemerkenswert, wenngleich nicht unerwartet, ist Sue Estroffs Feststellung, dass sich solche Handlungen nicht im luft- bzw. gefühlsleeren Raum ereignen. Sie sind Ausdruck heftiger emotionaler Spannungen, die in den Familien sowohl von den Kranken wie von ihren Angehörigen empfunden und benannt werden. Solche Spannungszustände innerhalb der Familie gelten seit mehr als zwei Jahrzehnten im Übrigen auch als rückfallfördernde Situationen, die professioneller Intervention bedürfen. (Literatur: Angermeyer und Schulze 1998, Finzen 1997, Hodgins und Müller-Isberner 2000.)

Tötungshandlungen (relativ) selten

Tötungshandlungen von psychisch Kranken sind eher selten. Sie kommen aber vor. Ihre Häufigkeit schwankt je nach Untersuchungsansatz und Kultur sehr stark. Während Wessely aus einem umschriebenen Londoner Untersuchungsgebiet die extrem niedrige Zahl von einem Totschlag auf 8.700 Krankheitsjahre bei Schizophreniekranken berichtet, berichten seine amerikanischen Kollegen über eine mehrfach höhere Rate. Angesichts der widersprüchlichen Datenlage ist die methodisch fundierte und gut abgesicherte Untersuchung Markku Eronens von der finnischen

Universität in Kuopio für die mitteleuropäischen Länder am ehesten von Bedeutung. Eronen und seine Mitarbeiter konnten siebzig der annähernd 1.000 Finninnen und Finnen untersuchen, die innerhalb eines Achtjahreszeitraumes Tötungshandlungen begangen hatten. Sie stellten bei schizophreniekranken Männern eine Erhöhung um das Achtfache und bei schizophreniekranken Frauen eine Erhöhung um das Sechsfache gegenüber der Durchschnittsbevölkerung fest. Deutlich höher lag die Rate bei Personen mit Persönlichkeitsstörungen oder mit einer Suchtstoffabhängigkeit. Wenn Schizophreniekranke mit sekundärer Abhängigkeit besonders berücksichtigt werden, sinkt diese Rate der schweren Gewalttaten der übrigen drastisch.

Taylor und Gunn (1999) haben in einer gut fundierten Untersuchung gezeigt, dass der Anteil der schwer psychisch Kranken an Tötungshandlungen in England in den letzten vierzig Jahren kontinuierlich zurückgegangen ist – und zwar um annähernd drei Prozent jährlich.

Gewaltbegünstigende Faktoren

Jenseits komplizierender Faktoren wie sekundärem Alkohol- und Drogenmissbrauch, sozialer Entwurzelung und mangelhafter Therapie gibt es doch einige gewaltbegünstigende Faktoren, die wahrscheinlich in unmittelbarem Zusammenhang mit psychischer Krankheit zu sehen sind. Sie erklären auch die Besonderheiten aggressiver Handlungen psychisch Gestörter, die selten die gleichen Motive oder die gleiche Zielrichtung haben, wie nicht psychisch gestörte Täter, etwa Bereicherungsdelikte oder Vergewaltigung. Diese Feststellung stimmt mit den Befunden überein, dass aggressive Handlungen psychisch Kranker sich häufig innerhalb der Familie oder des Bekanntenkreises oder in therapeutischen Situationen ereignen und dass Außenstehende selten betroffen sind. Sie sind Beziehungstaten besonderer Art, die ihre Grundlage für die meist psychosekranken Täterinnen und Täter in krankheitsbedingten, für sie unerträglichen emotionalen Spannungen zu Menschen haben, die ihnen nahe stehen und denen sie wegen ihre krankheitsbedingten sozialen Behinderungen nicht ausweichen können.

Bruce Link von der Columbia University konnte dies am Beispiel von psychotischen Symptomen zeigen, die mit dem Gefühl – bzw. richtiger dem Wahn – des Bedrohtseins einhergehen und von dem die Betroffenen bei krisenhafter Zuspitzung gelegentlich überwältigt werden: Die (Wahn-)gewissheit, verfolgt zu werden, vergiftet zu werden, beobachtet zu werden, getötet oder verletzt zu werden oder gar durch Verfolgung die Kinder zu verlieren. Solche Symptome können zum Auslöser von Gegenreaktionen werden, die von den Betroffenen als Notwehrmaßnahmen in höchster Bedrohung erlebt werden und fatale Konsequenzen haben können. Bekanntestes Beispiel dafür ist die unglückliche Adelheid Streidel, die in dem Wahn lebte, die Politiker unseres Landes würden unterirdisch Folterwerkstätten unterhalten, in denen Menschen auf grausige Weise zu Tode gebracht würden und dass sie den Auftrag hätte, dieses Morden zu beenden. Diese Symptomatik erklärt auch die Wahl des Opfers. Sie unterstreicht, dass Persönlichkeiten des öffentlichen Lebens wie John Lennon, Monika Seles oder Ronald Regan unter besonderen Voraussetzungen gefährdet sein können.

Offene Fragen

Auch nach den beiden Symposien bleiben manche Fragen offen. Es sind jedoch weniger, als die zum Teil recht widersprüchlichen Befunde auf den ersten Blick vermuten lassen. Manche lassen sich als Auswirkungen unterschiedlicher psychiatrischer Versorgungsqualität erklären, andere als Folge eines unterschiedlichen allgemeinen Niveaus von gesamtgesellschaftlicher Gewalt – etwa in den Vereinigten Staaten und in Skandinavien. Allgemein scheint es so zu sein, dass aggressive Handlungen und Gewalttaten psychisch kranker Menschen in solchen Ländern in Relation zur Allgemeinbevölkerung besonders deutlich erhöht sind, in denen die allgemeine Bereitschaft zur Gewalt eher niedrig ist wie in den skandinavischen Ländern. In Gesellschaften mit größerer allgemeiner Gewaltbereitschaft dagegen, wie in den Vereinigten Staaten, relativiert sich der Anteil der psychisch Kranken an den Aggressionshandlungen, obwohl er bei Psychosekranken gegenüber der Durchschnittsbevölkerung auch noch leicht erhöht ist. Aber er steht in keiner Relation zu Personen mit Alkohol-, Drogen- und Medikamentenmissbrauch oder von Menschen mit »Persönlichkeitsstörungen«, die aber – vor allem in Form der so genannten antisozialen Persönlichkeitsstörungen – eben dadurch definiert sind, dass sie sich so verhalten.

Die ähnliche absolute Häufigkeit aggressiver Handlungen bei unterschiedlicher relativer Häufigkeit in verschiedenen Kulturen spricht dafür, dass ein beträchtlicher Teil der Aggressionshandlungen psychisch kranker Menschen ihren Ursprung in der Krankheit selbst haben. Sie sind dann Ausdruck oder Folge von Krankheitssymptomen in Form von langfristig bestehendem systematisiertem Wahn, der den späteren Tätern die unerschütterliche Überzeugung vermittelt, selbst an Leib und Leben bedroht zu sein oder aus anderen krankhaften Gründen zum Handeln gezwungen zu sein oder sie sind, wie in der Familie, Ausdruck nicht bewältigbarer emotionaler Spannungen bei gleichzeitigen krankheitsbedingten verminderten Fähigkeiten, schwierige Lebenssituationen zu bewältigen.

Zwischenbilanz
Daraus lässt sich folgende Schlussfolgerung ableiten: Die Gefahr von Gewalt oder Bedrohung vonseiten psychisch Kranker ist unterm Strich etwas häufiger als in der Durchschnittsbevölkerung. Aber sie ist nicht häufiger als bei bestimmten anderen sozialen Gruppen, etwa arbeitslosen Jugendlichen, Männern im

dritten Lebensjahrzehnt ganz allgemein, Personen, die Alkohol oder Medikamente missbrauchen; und sie betrifft nicht alle psychisch Kranken in gleicher Weise, sondern in der Regel gut identifizierbare Einzelpersonen. Eine solche Relativierung ist notwendig, um das Risiko zu bewerten. Sie darf nicht dazu führen, die Gefahr von Gewalt oder drohender Gewalt von seiten psychisch Kranker auf die leichte Schulter zu nehmen, aber auch nicht, sie zu überschätzen. Denn anders als aggressive Handlungen, die von »gesunden« Personen ausgehen, ist bei psychisch Kranken wirksame Prävention möglich.

Im Allgemeinen ist die von psychisch kranken Menschen ausgehende Gefahr, leichter erkennbar als bei anderen Gewalttätern. In der Regel entwickelt sie sich allmählich. Gewalttaten psychisch Kranker sind meist verhinderbar, weil die Krankheitssymptome sich behandeln lassen und weil auf der Grundlage der Psychisch-Kranken-Gesetze der Länder Maßnahmen zum Schutz der Betroffenen und bedrohter Dritter getroffen werden können. Dies gilt sowohl für Aggressionshandlungen mittleren Ausmaßes, wie sie in der schwedischen Studie von Lindqvist berichtet wurden, wie im Hinblick auf schwere Gewalttaten. Vieles spricht dafür, dass die Tat der unglücklichen Adelheid Streidel hätte verhindert werden können, wenn rechtzeitig eine Behandlung erfolgt wäre. Die Symptome waren bekannt. Angehörige der Kranken hatten die Behörden auf die Notwendigkeit einer Behandlung hingewiesen. Aber trotz einer gesundheitsamtlichen Untersuchung unterblieb eine solche.

Prävention ist möglich

Mit anderen Worten: Eine Prävention von Gewalttaten psychisch Kranker ist möglich, wenn sie mit der gebotenen Entschiedenheit durchgeführt wird. Wenn sich Gewalttaten psychisch Kranker ereignen, sollten solche Fälle über die verständliche Aktualisierung von Ängsten in der Bevölkerung hinaus dazu beitragen, dass gefährdete und gefährliche Kranke eine angemessene, rechtzeitige und kontinuierliche psychiatrische Behandlung erfahren. Dies ist möglich; und wenn es geschieht, kann das Risiko gefährlicher Gewalttaten vonseiten psychisch Kranker mit großer Wahrscheinlichkeit auf ein Minimum vermindert werden.

Gänzlich verfehlt wäre es, daraus die Forderung nach einer restriktiveren Psychiatrie abzuleiten. Niemand würde auf den Gedanken kommen, die undifferenzierte Einschließung aller jugendlichen Arbeitslosen oder aller junger Männer zwischen zwanzig und dreißig zu verlangen. Eher würde man fordern, Maßnahmen gegen das Grundübel, die Arbeitslosigkeit zu treffen, auch wenn dies schwer ist. Analoges gilt für Menschen mit psychischen Störungen. Die Bekämpfung der Krankheiten ist das Ziel, nicht die der Menschen, die unter ihnen leiden. Voraussetzung dafür ist ein solides Angebot an klinischen und ambulanten Behandlungs- und Nachsorgemöglichkeiten, das den Bedürfnissen der Kranken gerecht wird. Davon sind wir dreißig Jahre nach dem Beginn der Psychiatriereform immer noch weit entfernt.

Eines aber ist wichtig. Die gesicherten Befunde über die Art und die Häufigkeit von Aggressionstaten und Gewalthandlungen Psychosekranker rechtfertigen das Vorurteil von Unberechenbarkeit und besonderer Gefährlichkeit in keiner Weise.

Gemeindenahe Versorgung braucht eine Gemeinde, die sich sorgt

Die Behandlung und die Versorgung psychisch Kranker hat während der vergangenen Jahrzehnte große Fortschritte gemacht. Im Mittelpunkt der Psychiatriereform, die die Psychiatrieentwicklung in den Vereinigten Staaten und in Westeuropa seit den sechziger Jahren kennzeichnet, stand die Verlagerung der Behandlung und der Betreuung der Kranken und Behinderten aus den klassischen Anstalten in die Gemeinde. Ziel der Reform war es, die Ausgrenzung der psychisch Kranken zu überwinden.

Die Psychiatrie hat den Wandel von der Anstaltspsychiatrie zur gemeindenahen Psychiatrie vom Vorrang der Verwahrung von Therapie und Wiedereingliederung mit großer Selbstverständlichkeit beschritten. Nur selten wurde die Frage gestellt, ob die Gemeinschaft der Gesunden bereit ist, die Risiken und Belastungen zu tragen, die mit dem vermehrten Leben sichtbar psychisch Kranker und Behinderter in ihrer Mitte verbunden sind. Es kann kein Zweifel bestehen, dass die neue Psychiatrie verständliche Bedürfnisse der Allgemeinheit nach Sicherheit und Schutz vor Belästigung weniger gut befriedigt als die klassische Verwahrpsychiatrie. Eine offene Psychiatrie, die die individuellen Freiheitsrechte der Betroffenen berücksichtigt, nimmt unliebsame Zwischenfälle in Kauf.

Nur Kranke, die Ausgang haben oder die entlassen sind, können Verkehrsunfälle verursachen oder in anderer Weise verunglücken. Nur sie können – wie Gesunde – betrunken auffallen, in eine Schlägerei geraten, vorsätzlich einen Schaden verursachen oder andere Menschen angreifen. Solche Zwischenfälle kommen vor. Psychisch Kranke sind keine besseren Menschen als psychisch Gesunde – aber auch keine schlechteren. Die Öffentlichkeit hat ein Recht auf Schutz und auf Sicherheit. Das gilt in besonderem Maße, wenn eine Gefahr bekannt und durch juristische Maßnahmen sanktioniert ist.

Sie hat allerdings keinen Anspruch auf mehr Schutz vor Kranken als vor Gesunden. Die Frage nach der möglichen Gefährdung der Öffentlichkeit muss deshalb gerade angesichts spektakulärer erschreckender Einzelereignisse auf einer rationalen Grundlage verharren. In diesem Zusammenhang sei daran erinnert, dass psychisch Kranke ein Recht darauf haben, in Würde und in Freiheit unter uns zu leben. Wulf Rössler (1995) hat das auf den Punkt gebracht: »Gemeindenahe Versorgung braucht eine Gemeinde, die sich sorgt.«

6

Die Krankheit verstecken?

Die Schizophrenie ist eine jener Krankheiten, über die man, wenn man sie hat, tunlichst nicht spricht. Die Vorurteile über die Krankheit übertragen sich auf die Kranken. Sie laufen Gefahr, ihre Arbeit zu verlieren, wenn sie noch eine haben, und gar nicht erst eingestellt zu werden, wenn sie eine suchen, unabhängig von ihrer Leistungsfähigkeit und ihrem Gesundheitszustand. Wenn man über die Krankheit reden muss, spricht man besser allgemein von »Psychose«, die man hat oder die man gehabt hat. Was für den Einzelnen richtig ist und wichtig ist, bleibt nicht ohne Konsequenzen für das öffentliche Bild von der Krankheit Schizophrenie: Kaum jemand außerhalb des engsten Freundes- und Familienkreises von Betroffenen, kaum jemand, der nicht in der Psychiatrie tätig ist, hat je einen genesenen Schizophreniekranken kennen gelernt und jemand, der einen Weg gefunden hat, mit der Krankheit zu leben. Das wiederum ist nicht dazu angetan, die Ängste vor der Krankheit zu mindern und die Zuversicht auf eine erfolgreiche Behandlung zu *stärken*.

Ronald Reagan lässt bekannt geben, dass er an der Alzheimerschen Krankheit leidet. Die Krankengeschichte des depressiven Klaus von Amsberg füllte jahrelang die Gazetten. Harald Juhnke macht seine in unregelmäßigen Abständen wiederkehrenden Rückfälle in den Alkoholismus zur publizitätsträchtigen Schlagzeile. Künstler und Sportler verkünden, dass sie an Aids leiden und wecken damit Mitempfinden. Aber eines geschieht nicht: dass jemand etwa bekannt gibt: »Ich bin Friedrich Hölderlin; ich leide an Schizophrenie.«

Dabei gibt es viele Menschen, die schizophreniekrank sind.

Eine Ausnahme aus jüngster Zeit soll hier nicht verschwiegen werden. Der Nobelpreis für Wirtschaftswissenschaften des Jahres 1994 ging an den Mathematiker John Forbes Nash. Nash hatte als ganz junger Mann eine bahnbrechende Doktorarbeit zur Spieltheorie verfasst, die später große Bedeutung für die Theorie der Wirtschaftswissenschaften erlangte. Nash ist Nobelpreisträger; er ist auch schizophreniekrank. Seine Psychose bedingte langzeitige Arbeitsunfähigkeit und Behinderung, bis schließlich die Besserung einsetzte. In einer Zeitungsmeldung heißt es dazu:

> »Vielleicht war es das Eingebettetsein in ein besonderes soziales Umfeld, das den Spuk Anfang der achtziger Jahre zum Verschwinden brachte: Nash begann ganz langsam wieder zu arbeiten. Auch wenn vielleicht seine besten Jahre vorbei sind, halten ihn manche Kollegen doch noch der einen oder anderen Überraschung für fähig. Und das Nobelpreiskomitee hat mit seiner Wahl eines klargestellt: ›Eine Geisteskrankheit ist nicht anders zu betrachten als etwa Krebs.‹« (Kontakt 1995)

Eine Biografie über Nashs Leben und Krankheit mag auch anderen Psychosekranken eine Hilfe sein (Nasar 1998, 1999).

»Wer gesundet, kann nicht schizophren gewesen sein«

Selbst in einem Jahrzehnt, in dem das Outen in ist, bleibt die Veröffentlichung der schizophrenen Psychose eines prominenten Zeitgenossen kaum vorstellbar. Gelegentlich scheint eher das Gegenteil richtig zu sein. Wird die ausgeheilte schizophrene Erkrankung eines prominenten Zeitgenossen bekannt, endet das nicht etwa in einer Enthüllungsgeschichte, wie das heute in den Medien so üblich ist, sondern in einer Denunzierung der Ärzte, die diese Diagnose gestellt haben: Es muss sich um eine Fehldiagnose gehandelt haben. Sonst hätte der Betroffene, Krankheit hin oder her, nicht so leistungsfähig und erfolgreich sein können. So hieß es kürzlich in der Frankfurter Allgemeinen Zeitung in einer ausführlichen Würdigung des Werkes der Australischen Schriftstellerin Janet Frame, die acht Jahre in psychiatrischen Krankenhäusern verbracht hatte, sie sei fälschlich – weil nicht unheilbar – als schizophren diagnostiziert worden. (Lueken 1994)

Der Mythos der Unheilbarkeit ist unausrottbar. Er scheint auch im konkreten Einzelfall kaum überwindbar zu sein. Ein eindrucksvolles Beispiel dafür vermittelt die schizophreniekranke Amerikanerin Lori Schiller (1995) in ihrem außerordentlich lesenswerten Lebens- und Krankheitsbericht »Wahnsinn im Kopf«:

»Wenn wir ... zufällig auf meine Vergangenheit zu sprechen kommen, ist es nicht immer einfach. Viele Männer können so etwas einfach nicht akzeptieren. Im Rückblick sind einige ihrer Reaktionen sogar witzig. Eine Zeit lang traf ich mich mit einem Mann, den ich kennen gelernt hatte, als ich mein Auto zur Reparatur brachte. Wir verstanden uns gut und verbrachten eine schöne Zeit miteinander. Schließlich entschied ich mich, ihm von meiner Vergangenheit zu erzählen. Ich nahm mit in meine Wohnung und zeigte ihm einen Artikel, den ich über meine Erfahrungen geschrieben hatte. Er las den Artikel und schaute mich dann angewidert an.

›Du leidest nicht an Schizophrenie‹, sagte er. ›Doch, ich fürchte schon‹ erwidert ich.

›Nein, das stimmt nicht, das hast du doch bloß erfunden.‹«

Wer gesund wirkt, kann nicht schizophreniekrank sein. Wer sein Leben meistert, kann es nie gewesen sein. Diese Logik ist falsch. Sie verdreht die Wirklichkeit. Für die Schizophreniekranken selbst wird sie zur doppelten Falle. Sie wirft sie selbst dann auf sich selbst zurück, wenn sie ihr Leiden bewältigt haben. Sie lässt sie, wenn sie sich in guten Zeiten offenbaren, unglaubwürdig erscheinen. Sie hindert sie an der Ausbildung einer eigenen Identität unter Einbeziehung ihrer Krankheitserfahrungen.

Schizophreniekranke historische Persönlichkeiten

Weil die schizophrenen Erkrankungen von Zeitgenossen für uns tabu sind, greifen wir auf Zeugnisse von historischen Persönlichkeiten aus dem Bereich der Literatur zurück, die Christian Müller (1992) unter dem Titel »Die Gedanken werden handgreiflich« gesammelt und herausgegeben hat. Das gibt es Gotthold Ephraim Lenz, den Freund Goethes, dessen schizophrene Krise Büchner dramatisiert hat. Da gibt es den französischen Dichter Gérard de Nerval, der eine Reihe von schizophrenen Episoden durchmachte und mehrfach stationär behandelt werden musste. Benedetti hat darüber in seinen »Psychiatrischen Aspekten des Schöpferischen« (1975) geschrieben. Bei Nerval kommt es zu einer Verschmelzung von Werk und Psychose, wie sie leider selten ist. Bei Friedrich Hölderlin und Robert Walser führt die Psychose nach älterer Auffassung zur Verarmung der schöpferischen Kraft und zum Versiegen der dichterischen Tätigkeit. In jüngerer Zeit sind allerdings Zeugnisse aufgetaucht – vor allem von Walser –, die das in Frage stellen. August Strindberg entwickelte eine paranoide Schizophrenie. Die Einordnung von Virgina Woolf bleibt offen.

Meist erfahren wir davon nur, wenn die Psychose einen unglücklichen Ausgang nimmt, wenn die Krankheit die Betroffenen aus der geordneten Bahn des bürgerlichen Lebens wirft. Wie viele andere – wie möglicherweise Janet Frame – die Psychose bewältigen, bleibt uns verborgen. Verborgen bleibt es uns in der Regel auch, wenn Menschen mit ihren psychotischen Erkrankungen leben und leiden und dennoch kreativ und leistungsfähig bleiben. So ist beispielsweise kaum bekannt, dass Rilke – zumindest nach Auffassung Ernst Kretschmers (1966) zu diesen Menschen gehört.

»Rainer Maria Rilke geht während vieler Jahre wie ein Nachtwandler am Abgrund entlang, hart am Rande der schizophrenen Katastrophe, ohne jedoch wie Hölderlin ganz darin zu versinken. Es kommt nur zu schubweisen Verstimmungen mit jahrelanger quälender Unproduktivität, die durch Angst- und Unheimlichkeitsgefühle und zuweilen durch halluzinatorische und magische Fernwirkungserlebnisse akzentuiert ist. Fast ein Jahrzehnt des Verstummens fällt in die Zeitspanne vor 1922. Vor und nach solchen Zuständen krankenden Gemütes gibt es Phasen stürmischer Produktivität mit dem unmittelbaren Erleben mystischer Verbundenheit des Göttlichen... Diese Grundzüge formen sich schon in der Frühzeit... Nach der stummen, schweren Krisenzeit aber ist in der hochproduktiven Periode der letzten Lebensjahre ein deutlicher Stilwandel festzustellen... Hier kommt es zu einer fortschreitenden Auflösung der sprachlichen und logischen Bindungen und ihrem Ersatz durch vieldeutige Symbole... Diese lose hintreibenden, sich drängenden und übergipfelnden farbigen Symbole üben auf den empfänglichen Leser einen geheimnisvollen, magischen Reiz aus und lassen nur noch einen dunklen Sinn erahnen. Hier liegt der poetische Wert. Für den Arzt aber sind sie,  ähnlich wie die späten Hymnen von Hölderlin, Signale der vordringenden psychischen Gefährdungszone. Man spürt, wie das Gefüge der Persönlichkeit sich aufzulösen droht.« (Kretschmer 1966)

Identifikation – mit wem?

Dabei wäre nichts wichtiger als das: Identifikationsfiguren für junge Schizophreniekranke, die verkünden:

»Ich bin schizophren – oder ich war es. Ich lebe mit der Krankheit. Ich habe sie bewältigt. Gewiss, zeitweise war es die Hölle. Aber ich kann und will damit leben. Seht her, das ist mein Leben. Das habe ich vorzuweisen. Ich bin genauso viel wert wie jeder andere auch.«

Aber darauf werden wir vermutlich noch lange warten müssen.

Bis dahin sind autobiografische Berichte von Menschen, die schizophrene und andere psychische Krankheiten durchlebt und durchlitten haben, von umso größerer Bedeutung. Mittlerweile liegen zahlreiche solche Zeugnisse vor. Eindrucksvolle Beispiele sind Silvia Plaths »Glasglocke«, Stuart Sutherlands »Die seelische Krise«, Hanna Greens »Ich habe dir keinen Rosengarten versprochen«, Mary Barnes' »Bericht eine Reise durch den Wahn«, Sophie Zerchins »Spur des Morgensterns«, Maria Erlenbergers »Hunger nach Wahnsinn«, Piet Kuipers »Seelenfinsternis« oder Janet Frames »Engel an meiner Tafel«.

Bei den Büchern handelt es sich teils um Berichte über das Leben und die Auseinandersetzung mit psychischen Krankheiten, teils um Romane mit ausgeprägten autobiografischen Zügen, wobei nicht immer ganz klar ist, an welchen psychischen Störungen die Verfasserinnen und Verfasser gelitten haben. Über Mary Barnes, Hanna Green und Silvia Plath streiten die Gelehrten. Stuart Sutherland, der eines der für mich eindruckvollsten Bücher geschrieben hat, litt an einer schweren manisch-depressiven Psychose. Sein Schritt an die Öffentlichkeit ist – wie der der Hamburger Bildhauerin Dorothea Buck unter dem Pseudonym Sophie Zerchin – auch deswegen von besonderer Bedeutung, weil er als aktiver und amtierender Professor für experimentelle Psychologie, der die Krankheit bewältigt hat, eben doch die Funktion einer Identifikationsfigur übernehmen kann. Ähnliches gilt für den schwer depressiven Psychiatrieprofessor im Ruhestand Piet Kuiper.

Das neueste Dokument einer erfolgreichen Auseinandersetzung mit einer schizophrenen Psychose stammt von der bereits zitierten Amerikanerin Lori Schiller, die mit siebzehn an einer schweren Schizophrenie erkrankte und bis über ihr 30. Lebensjahr hinaus andauernde und zum Teil außerordentlich belastende Krankheitsphasen durchlitt. Ergänzt durch Kapitel aus der Sicht ihrer Angehörigen, Freundinnen und ihrer behandelnden Ärztin beschreibt es ohne Sentimentalität, aber bewegend und anrührend eine Leidensgeschichte, deren glimpflicher Ausgang lange Zeit nicht absehbar war. Ihr Buch kann für Kranke und Angehörige in gleicher Weise zur Quelle der Ermutigung werden. Nebenbei räumt es mit einer Fülle von Vorurteilen über die

Krankheit auf und zeigt, mit welchen Reaktionen Kranke und Angehörige konfrontiert werden. Es leistet einen wertvollen Beitrag, die Krankheit und die Kranken zu verstehen. Es kann Kranken helfen, ihre Identität zu finden und zu festigen.

»Ich bin schizophren; ich suche Arbeit«

Was geschieht, wenn jemand einräumt, dass er schizophren ist oder war, dass er gar noch Medikamente einnimmt? Vermutlich Folgendes: Die Mitmenschen gehen auf Distanz. Ein innerer Alarm setzt ein. Alle Vorurteile und Vorbehalte, die mit dem Wort Schizophrenie verbunden sind, werden wach: Unberechenbarkeit, Gefährlichkeit, Unzuverlässigkeit, Realitätsferne, Fremdheit, verwirrtes Denken, unheimlicher Blick, irres Lachen... Man merkt dem Gegenüber förmlich an, wie seine Alarmglocken klingeln. Wenn man Glück hat, versteht er die Mitteilung als unpassenden Scherz wie Lori Schillers Freund im oben angeführten Beispiel.

Das Eingeständnis einer schizophrenen Erkrankung wird heute allzu oft immer noch zu einer sozialen Katastrophe. Allein die Vorstellung erscheint widersinnig, dass sich jemand mit diesen Worten um eine Stellung bewirbt: »Ich war schizophren. Jetzt bin ich wieder gesund. Ich möchte bei Ihnen arbeiten.«

Wer schizophren ist, ist gut beraten, mit der Information Dritter über die Krankheit sparsam umzugehen. Er läuft Gefahr, seine Freunde zu verlieren und seine Arbeit. Er tut gut daran, zu lügen, dass die Balken sich biegen, wenn es um seine Krankheit geht. Wenn er sich um einen Arbeitsplatz bewirbt, kann das zwar auch zu Schwierigkeiten führen. Wenn er die Diagnose verschweigt, ist das Anstellungsbetrug. Wenn sie im Nachhinein bekannt wird, kann ihn das den Job kosten. Aber wenn er sie vorher mitteilt, wird er ihn mit größter Wahrscheinlichkeit gar nicht erst bekommen. Also lügen.

Wer öffentlich zugibt, dass er an einer schizophrenen Psychose leidet oder gelitten hat, läuft in manchen Bundesländern auch heute noch Gefahr, seinen Führerschein zu verlieren, wenn das Polizei oder Behörde bekannt wird. Wer schizophren ist, wird im öffentlichen Dienst nicht eingestellt und schon gar nicht beamtet. Wer schizophren ist, erhält keine Approbation als Arzt. Alles dies nicht etwa, weil er Symptome hat, die seine Eignung in Frage stellen, ein Auto zu fahren oder eine bestimmte Stellung im öffentlichen Dienst auszuüben, sondern ausschließlich und allein wegen des Wortes, wegen der Diagnose, des Etiketts Schizophrenie.

Lügen, dass die Balken biegen

Leider ist das nicht so einfach. Diese Empfehlung ist richtig. Sie ist zugleich falsch. Sie ist nur dann ganz richtig, wenn die Krankheit zuverlässig überwunden ist, wenn der Gesundheitszustand stabil ist, wenn Restsymptome entweder nicht mehr vorhanden oder doch zuverlässig unter Kontrolle sind. Sie ist falsch, wenn die Krankheit fortbesteht, wenn die Kranken vermindert belastbar sind, wenn sie eine soziale oder berufliche Nische suchen oder eine beschützte Arbeit. Sie ist möglicherweise auch dann falsch, wenn die Kranken einen Arbeitsplatz haben, wenn sie aus ihrer beruflichen Tätigkeit heraus erkranken, in die Klinik müssen und den Weg zurück suchen.

Unter solchen Bedingungen ist es häufig sinnvoll, dem Arbeitgeber und den Kollegen reinen Wein einzuschenken. Zwei Argumente sprechen dafür. Zum einen ist man bei der Rückkehr an den Arbeitsplatz nach Überwindung einer Psychose mit Wahrscheinlichkeit weniger belastbar und in mancher Hinsicht anders als in den Zeiten vor der Erkrankung. Aufklärung und Miteinbeziehung der Arbeitskollegen und der Vorgesetzten können auf diese Weise zu einem wichtigen Beitrag zur Rehabilitation und zum Zurückfinden in die Gesundheit werden. Andererseits kennen Vorgesetzte und Arbeitskollegen einen aus gesunden Tagen. In der Regel schätzen sie einen oder sie fühlen sich doch zumindest doch zu Loyalität verpflichtet. Sie sind unter Berücksichtigung früherer Leistungen bereit, einen Vertrauensvorschuss einzuräumen und in einem halbwegs funktionierenden Betrieb auch die Hilfestellung zu leisten. Denn jeder kann einmal krank werden. Jeder kann einmal in ähnlicher oder in anderer Weise hilfebedürftig werden.

Schließlich bleibt kein anderer Weg als Offenheit, wenn die Krankheit nicht überwunden ist, wenn Restsymptome bestehen bleiben, wenn sie zu Behinderungen oder zu Teilinvalidität geführt hat. Auf der Suche nach einem beschützten Arbeitsplatz oder einer beruflichen Nische oder nach einem Ort zur beruflichen Rehabilitation ist die Aufklärung von Arbeitgeber und Arbeitskollegen eine Grundvoraussetzung für das Gelingen des Unternehmens. Psychische Behinderungen sind nicht zu sehen wie Gehbehinderungen oder Hörgeräte. Behinderungen gleich welcher Art verlangen in der sozialen und in der beruflichen Umwelt in spezifischer Weise Rücksichtnahme. Wie solche Rücksichtnahme im Hinblick auf psychische Behinderungen auszusehen hat, darüber ist Aufklärung notwendig. Sonst endet das Unterfangen unweigerlich mit Unterforderung oder Überforderung der Behinderten, mit Missverständnissen und vermeidbaren Leiden.

Vor kurzem hatte ich Gelegenheit, eine Gruppe von Journalistinnen und Journalisten nach ihrer Meinung zu fragen. Fast ohne Ausnahme rieten sie, enge Freunde und Familienangehörige zu informieren. Ohne Ausnahme rieten sie davon ab, lockeren Bekannten, Nachbarn oder Arbeitskollegen die Diagnose anzuvertrauen. Zwei Fünftel hielten es aber für richtig, Vorgesetzte am Arbeitsplatz einzubeziehen.

Also einerseits Lügen, dass die Balken biegen. Andererseits sorgfältig und gründlich informieren, wenn dies nach eingehender Überlegung als der Erfolg versprechendere Weg erscheint.

Die Abwägung kann auf nüchterner und sachlicher Basis erfolgen. Moralische Überlegungen sind hier fehl am Platz. Die Moral der Gemeinschaft der Gesunden im Umgang mit schizophrenen Kranken lässt mehr zu wünschen übrig als umgekehrt.

Auf jeden Fall Vorsicht

Im Zusammenhang mit schizophrenen Erkrankungen empfiehlt sich unter diesem Aspekt der zurückhaltende Umgang mit der medizinischen Diagnose. Zum erfolgreichen Umgang mit der Krankheit kann es gehören, sich, wenn man sich offenbart, zunächst auf ungenaue Aussagen zu beschränken wie »psychische Probleme« – oder auf die Mitteilung von Symptomen wie Ängsten, Schlafstörungen, Erschöpfung, Konzentrationsstörungen. Ähnliches gilt für die Mitteilung, man müsse Psychopharmaka einnehmen. Auch hier empfiehlt sich eine vorsichtige und schrittweise Einbeziehung Dritter. Dazu sei allerdings angemerkt, dass die regelmäßige Einnahme von Medikamenten am Arbeitsplatz eine jener Gelegenheiten ist, bei der das unsichtbare Stigma zu einem sichtbaren werden kann, sodass Erklärungsbedarf entsteht.

Im vertrauten Umgang kann es hilfreich sein, über die Qualität der eigenen Erkrankung zu sprechen. Einem anderen Menschen mitzuteilen, dass man unter einer Psychose leidet, ist ein großer Vertrauensbeweis. Dass es sich dabei um eine schizophrene Psychose handelt, ist eine Mitteilung, für die in der Tat recht intime Beziehungen die Voraussetzung sind. Die metaphorische Bedeutung des Wortes Schizophrenie enthält ein so hohes Missbrauchspotenzial, dass der Anspruch auf Wissen darüber im Zweifel den Kranken, ihren Lebenspartnern und ihrem engsten Familienkreis vorbehalten ist – auch wenn der Bedeutungsgehalt des Wortes Schizophrenie medizinisch nicht gravierender ist als jener des Wortes Psychose.

7

Warum die schizophrene Erkrankung eines Angehörigen eine Katastrophe für die ganze Familie ist

... und warum es gar nicht anders sein kann

Die Erkenntnis, dass ein Familienmitglied an einer Schizophrenie erkrankt ist, wird von Angehörigen einhellig als Katastrophe erlebt, die alles verändert. »Wenn nichts mehr ist, wie es war...«, heißt der Titel eines von Heinz Deger-Erlenmaier herausgegebenen Buches, in dem Angehörige psychisch Kranker über ihre erschütternden, bedrückenden Erfahrungen und über demütigende Erlebnisse berichten. Ein Blick ins Inhaltsverzeichnis vermittelt einen Eindruck von der allumfassenden Betroffenheit: »Der Einbruch der Krankheit« ist der erste Teil überschrieben. »Die Welt schien in Ordnung...« »Ich war die schizophrenogene Mutter...«, »Schuldzuweisung, Isolation, Ängste und kaum Hilfe«, »Der Schuldbegriff in der Schizophrenieliteratur«, »Mein Gott, irgendetwas muss ich falsch gemacht haben«, »Und helfen kann uns keiner...«, – das sind ausgewählte Titel der Beiträge von Angehörigen, die einen langen Weg hinter sich gebracht haben, bis sie ihre Erlebnisse und Erfahrungen niederschreiben konnten. Daraus allerdings resultiert Ermutigung, etwa in Beträgen des Herausgebers über »Angehörige psychisch Kranker auf dem Wege zur Selbsthilfe« oder Susanne Heims: »Nur nicht Bange machen lassen! Portrait einer erfolgreichen Angehörigeninitiative«.

Stigma und Schuldzuweisung

Was ist es, das die Erkrankung eines Angehörigen an Schizophrenie für den Rest der Familie zur Katastrophe macht? Ich bin überzeugt davon, dass das viel mit zwei sozialen Faktoren zu tun hat, die mit dem Krankheitsgeschehen selbst gar nicht zwingend verknüpft sind: mit der Stigmatisierung der Kranken und der Beschuldigung der Angehörigen.

Wir alle leben in der Gewissheit, das wir am Ende sterben müssen. Wir alle wissen, dass wir mit großer Wahrscheinlichkeit an einer Herzkreislauferkrankung oder an Krebs sterben werden und dass es vielfältige andere Krankheiten gibt, die vielen von uns Schmerzen und Leid, Einschränkungen und Verlust an Lebensqualität bringen werden. Dennoch lassen wir das Wissen darum in gesunden Tagen nicht allzu nah an uns herankommen. Wir tun so, als gehe das alles uns nichts an. Wahrscheinlich müssen wir das tun, um nicht aus beständiger Angst vor kommendem körperlichem Leiden unsere psychische Gesundheit zu verlieren.

Psychische Krankheit liegt uns noch ferner als körperliche. Sie geht uns in unserem Selbstverständnis nun wirklich nichts an. Das ist rational schwer verständlich, weil psychische Krankheiten ja keineswegs selten sind: Jeder Hundertste von uns erkrankt im Lauf seines Lebens an Schizophrenie. Die phasisch verlaufenden Depressionen und die manisch-depressive Krankheit sind annähernd ebenso häufig. Und irgendwo zwischen fünfzehn und zwanzig Prozent der Bevölkerung befinden sich zu jedem gegebenen Zeitpunkt wegen Störungen der psychischen Befindlichkeit in ärztlicher – meist in hausärztlicher – Behandlung. Vielleicht ist es diese Tatsache, dass psychische Beschwerden fast allgegenwärtig sind, dass es offenbar keine klare Grenze zwischen psychischer Gesundheit und psychischer Krankheit gibt, die uns darin bestärkt, dass Schizophrenie und manisch-depressive Krankheit uns nicht betreffen.

Schwere psychische Störungen haben einen völlig anderen gesellschaftlichen Stellenwert als körperliche Krankheiten. Schizophrene, die gehören nicht zu uns. In Depressive können wir uns vielleicht gerade eben noch einfühlen. Schizophrene sind anders. Sie erleben viele von uns, wenn wir denn was über die Krankheit wissen – und die meisten von uns tun das nicht – als fremd, unheimlich, ja als möglicherweise bedrohlich. In der Soziologie spricht man davon, dass die Schizophrenen, wie andere schwer psychisch Kranke, einem Stigma unterliegen, das sie aus den üblichen sozialen Bezügen ausgrenzt. Sie sind gewissermaßen nicht gesellschaftsfähig. Sie teilen dieses Schicksal mit anderen sozialen Gruppen wie schweren Alkoholikern und Drogenabhängigen, Obdachlosen, Fahrenden, bestimmten Ausländern und ethnischen Gruppierungen.

Bei keiner dieser Gruppierungen wird so deutlich wie bei den Schizophreniekranken, wie unmittelbar die Stigmatisierten aus unserer Mitte entstammen und wie unverschuldet das geschieht. Ihre Angehörigen sind diejenigen von uns, die sich in nächster Nähe dieses gesellschaftlichen Unfallortes aufhalten. Sie sind Zeugen und Mitbetroffene zugleich. Oft benötigen sie lange Zeit, um zu erfassen, was sich da vor ihren Augen inmitten ihrer Familie zuträgt. Sie erleben Rat- und Hilflosigkeit. Die Stigmatisierung der Kranken trifft sie auch. Aber nicht nur das; sie müssen erfahren, dass sie, die Eltern, für die Krankheit ihres Kindes verantwortlich gemacht werden: falsche Erziehung, mieses Familienklima...

Wenn wir die Statistik betrachten, dürften schizophrene Psychosen eigentlich niemandem fremd sein. Die Erfahrung von Schizophrenie in der Familie, in der Nachbarschaft, in Bekannten- und Freundeskreis oder an der Arbeitsstelle müsste uns vertraut sein. Wenn es richtig ist, dass einer von hundert im Lauf seines Lebens an Schizophrenie erkrankt und einer von zweihundert aktuell krank ist – und das ist richtig –, müsste bei zwei

Eltern mit durchschnittlich zwei Kindern in jeder 25. Familie ein Krankheitsfall auftreten – zählen wir die Großeltern hinzu, in jeder Zwölften. So darf man natürlich nicht rechnen, schon deswegen nicht, weil es – leider – familiäre Häufungen gibt. Dennoch, wenn schon nicht in der Familie, im Freundes- und Bekanntenkreis oder in der Nachbarschaft müsste jeder von uns einem Schizophreniekranken begegnen. Wenn das nicht der Fall ist, so kann das nur einen Grund haben: Stigmatisierung und Diffamierung, Ausgrenzung und Zurückweisung sind auch heute noch so gewaltig, dass die meisten Familien die Krankheit ihres Angehörigen sorgsam verstecken. Und das erschwert die Bewältigung des gemeinsamen Schicksals ungemein.

Die Identität der Eltern und die Rolle der Kinder

Wie kommt es nun, dass eine andauernde oder invalidisierende Krankheit der Kinder – auch und besonders jene heranwachsender Kinder – die Eltern mit der gleichen Wucht trifft, wie eine eigene schwere Erkrankung? Wie kommt es, dass viele Eltern größere Schwierigkeiten haben, die psychische Krankheit eines Kindes zu bewältigen und zu integrieren als ein eigenes Leiden? Wie kommt es, dass viele Eltern die schizophrene Störung ihres Kindes als nachhaltige Verletzung, als Beschädigung oder gar Zerstörung ihrer eigenen Identität erleben?

Um das zu verstehen, müssen wir uns ins Gedächtnis rufen, welche Rolle Kinder für unser emotionales, soziales und materielles Leben spielen – zumal wenn wir uns entschieden haben, selbst welche zu bekommen und aufzuziehen. Kinder werden für Jahrzehnte zum Lebensmittelpunkt der Eltern. Sie stiften Sinn und werden zur Begründung des Daseins. Die triviale Tatsache, dass Eltern die materiellen Belastungen, die Einschränkungen, die mit dem Aufziehen von Kindern zwangsläufig verbunden sind, bereitwillig auf sich nehmen, mag deren große Bedeutung für die Elternidentität unterstreichen. Vielfältige

Fantasien, Hoffnungen, Ängste, Wünsche, Frustrationen und Tröstungen sind mit den Kindern verbunden. Sie sollen es einmal besser haben als man selbst. Sie sollen realisieren können, was einem selbst versagt geblieben ist. Sie entwickeln zu Mutter und Vater eine eigenständige emotionale Beziehung, die heutzutage in vielen Fällen stabiler ist, als die Beziehung des jeweiligen Elternteils zum Partner. Sie vermitteln zuverlässige emotionale Befriedigung.

Das klingt nun alles sehr technisch. Aber es ist keineswegs so gemeint. Diese Beschreibung der Rolle und der Funktion von Kindern im Leben der Eltern mag genügen, um anzudeuten, was alles geschehen kann, wenn die Hoffnungen und Wünsche, wenn die Zukunftsfantasien sich als falsch erweisen, wenn mit dem Heranwachsen der Kinder stattdessen die Ängste in den Vordergrund treten und alles anders kommt, als man es sich über zwei Jahrzehnte oder noch länger vorgestellt hat. Alles das sitzt sehr tief. Es ist völlig unmöglich, sich von heute auf morgen umzustellen, sich darauf einzustellen, dass die Zukunft möglicherweise keine Erfüllung von Hoffnungen und Wünschen für das Kind bringen wird, dass dessen Eigenständigkeit als Erwachsener bedroht ist und dass die emotionale und materielle Fürsorgeverpflichtung der Eltern in eine ungewisse Zukunft hinein andauern wird. Wenn man alles dies zusammennimmt, kann man sich vorstellen, dass die Erkrankung eines Familienangehörigen an einer schizophrenen Psychose mit einer weniger günstigen Verlaufsform dazu führt, dass »nichts mehr ist, wie es war«.

Die Familienkatastrophe Schizophrenie

Ich will der Familienkatastrophe Schizophrenie anhand von sechs Teilaspekten nachgehen. Ich nenne sie

1. Die große Kränkung
2. Die Bedrohung des Familienzusammenhalts
3. Der Verlust der Selbstverständlichkeit

4. Die Ungewissheit des Ausgangs und des Verlaufs

5. Die Veränderung der eigenen Biografie

6. Was wird nach dem eigenem Tod?

Jeder dieser Problemkreise für sich allein macht eine Bürde aus, die zu bewältigen Beharrlichkeit, Geduld und Kraft verlangt. Alle zusammen machen sie die dritte Krankheit aus: Das Leiden der Angehörigen unter der schizophrenen Psychose eines Familienmitgliedes, zu dessen Bewältigung sie Anspruch auf Hilfe und Unterstützung haben.

Die große Kränkung

Wenn uns ein unerwarteter Schicksalsschlag trifft, reagieren wir, wie Soziologie und Sozialpsychologie herausgefunden haben, nach einem bestimmten mehr oder weniger vorhersagbaren Muster. Das gilt unabhängig davon, ob wir einen vertrauten Menschen durch Tod oder durch Trennung verlieren, ob wir selbst krank werden, ob wir unsere Arbeit und unser Vermögen verlieren oder ob ein Familienmitglied eine schwere Behinderung entwickelt.

In einer ersten Phase neigen wir zur Verleugnung. Wir wollen nicht, dass das wahr ist. Wir bestreiten es einfach. Wir beten; oder wir stecken den Kopf in den Sand. Oft ist es ein Gemisch von alledem, was unsere Gefühle und unser Handeln bzw. unser Nichthandeln bestimmt: »Um Himmels Willen, nur keine Schizophrenie«, ist die stereotype Reaktion von Angehörigen, die ihr Kind oder ihren Partner erstmals in der psychiatrischen Klinik abliefern müssen: »Schizophrenie? Was bedeutet dieses Wort? Ich verstand es nicht, ich glaubte es nicht«, berichtet Nancy Schiller im Buch ihrer Tochter »Wahnsinn im Kopf«, als sie das erste Mal mit der Diagnose konfrontiert wird.

Auf die Verleugnung folgen der Zorn, die Verzweiflung, die Kränkung, das Rechten, warum ausgerechnet uns dieses Unglück geschehen ist. Dazu gehört fast automatisch die Suche nach dem

Schuldigen, fast immer auch nach der eigenen Schuld. Marvin Schiller, der Vater der schizophreniekranken Lori und selbst Psychologe, steht für ungezählte Eltern:

>Als ich Psychologie studiert hatte, führte man alle psychischen Krankheiten, auch die ernstesten, auf eine Ursache zurück: Auf Fehler in der Erziehung. Alles wurde darauf zurückgeführt, wie man aufgewachsen war... Alle glaubten, dass die Ursachen für psychische Störungen in den frühkindlichen Erfahrungen des Betroffenen zu suchen seien. Ein Patient mit ernsthaften psychischen Problemen war demnach in frühen Jahren einem unerträglichen Druck, inneren Widersprüchen oder destruktiven Verhaltensweisen der Eltern ausgesetzt gewesen. Meiner Ausbildung zufolge war ich also an Loris Krankheit Schuld, wenn sie wirklich ernsthaft psychisch gestört war. Das konnte und wollte ich nicht glauben. Also weigerte ich mich einfach zu sehen, dass Lori tatsächlich krank war.«

An diesem Beispiel wird auch deutlich, dass die Phase der Verleugnung und die des Rechtens ineinander übergehen können, ja dass sie sich vermischen. Andere Eltern suchen die Schuld in ihrer Verzweiflung an allen möglichen Orten: Im Mangel an Vitamin C, wie der amerikanische Chemie-Nobelpreisträger Linus Pauling das propagiert hat; im Mangel an Spurenelementen oder Fehlernährung, wie die orthomolekuläre Psychiatrie das tut, und – häufig – im Missbrauch von Drogen, insbesondere von Cannabis und LSD.

Sie schlagen in Lexika nach, die auch heute noch eher zweifelhafte Auskunft geben. Sie suchen Hilfe an vernünftigen und unvernünftigen Orten. Ihre ersten Begegnungen mit Psychiatern und Psychopharmaka sind oft wenig ermutigend. Die Schwierigkeiten der Medikamentenbehandlung können sie nicht verstehen, weil man sie ihnen nicht erklärt. Ich kenne viele Beispiele, wo sie dann auf Heilpraktiker und Naturheiler, auf Handauflegerinnen und Wahrsagerinnen ausweichen.

Der Einbruch der Krankheit des Kindes in das eigene Leben

wird auch als Grenzverletzung, als Beschädigung der eigenen Identität schmerzlich empfunden und erlebt. Diese Phase bietet nur selten günstige Voraussetzungen für eine vernünftige, zielgerichtete Auseinandersetzung mit der Krankheit des Kindes oder des Partners und deren Auswirkungen auf das eigene Dasein. Fast regelmäßig schließt sich eine Zeit der Resignation, der depressiven Verstimmung, der stillen Verzweiflung an. Immer wieder bricht Angst über die Angehörigen herein. Ihnen wird zunehmend bewusst, dass die Welt der Familie nicht mehr in Ordnung ist, dass nichts mehr so sein wird, wie es war.

Schuldzuweisungen von Dritten treten hinzu. Die Familie isoliert sich regelmäßig. Freunde und Bekannte ziehen sich zurück. Das gilt unabhängig davon, ob die Angehörigen sich entschließen, mit Freunden, Bekannten und Nachbarn über die Krankheit des Familienmitgliedes zu sprechen oder darüber zu schweigen. Schweigen ist immer noch das häufiger. Ich zitiere noch einmal das Beispiel der Familie Schiller:

»Vor allem durfte, wenn Lori geholfen werden sollte, nichts von diesem Zwischenfall bekannt werden. Als Psychologe wusste ich, dass man sie sonst für lange Zeit, wenn nicht für immer, für psychisch gestört brandmarken würde. Ich wollte nicht, dass meine Tochter... stigmatisiert wurde. Ich glaubte, dass die Gefahr vorbei sei und sie jetzt das Krankenhaus verlassen könne. Aber das Krankenhauspersonal wollte sie nicht gehen lassen... Sie wollten Lori für einige Tage zur Beobachtung auf der psychiatrischen Station behalten. Doch das kam für uns überhaupt nicht in Frage. Ich wollte nicht, dass in Loris Akten irgendetwas stand, was ihr in ihrem späteren Leben einmal Schwierigkeiten bereiten konnte.«

Die Krankheit zu verstecken, ist nicht nur Merkmal der Phase der Verleugnung. Sie setzt sich in der Phase der Resignation fort und verstärkt auf diese Weise die Ängste, die Vereinsamung und die Hilflosigkeit der Angehörigen. Erst danach kommt es günstigenfalls zu einer Phase der konstruktiven Auseinandersetzung mit der Krankheit des Familienmitgliedes und deren Folgen. Die Familie stellt sich darauf ein. Sie sucht gezielt und rational nach Hilfen, lässt sich beraten, schließt sich Selbsthilfevereinigungen an und versucht das Beste aus der neuen Situation zu machen. Aber das ist nicht einfach, vor allem dann nicht, wenn der Kranke selbst andere Vorstellungen davon hat, was für ihn gut und richtig ist, als die Familie und bzw. oder seine Therapeutinnen und Therapeuten. Fast regelmäßig entstehen dann unterschiedliche Auffassungen darüber, was nun zu tun sein. Spätestens dann ist der Zusammenhalt der Familie bedroht.

Die Bedrohung des Familienzusammenhaltes

Bei einer körperlichen Krankheit weiß man in der Regel, was man zu tun hat. Man geht zum Arzt. Der untersucht einen und gibt einem kompetenten Rat. Eine Behandlung wird eingeleitet, wenn dies erforderlich ist. Die Kranken und ihre Angehörigen können und müssen sich dann auf die Folgen der Erkrankung einstellen. Sie finden sich irgendwann auch bei schweren Leiden damit ab, nachdem die oben geschilderten Phasen durchlaufen und bewältigt worden sind. Anders als bei psychischen Störungen gibt es bei körperlichen Krankheiten in der Regel keine schwer überwindlichen Verständnisschwierigkeiten. Vor allem herrscht bei körperlichen Leiden meist Übereinstimmung zwischen kranken Angehörigen, Laienumgebung und Medizin, was zu tun ist, und was die erforderlichen Maßnahmen zu sein haben.

Bei psychischen Störungen ist das anders. Die Schizophrenie ist nur ein Beispiel dafür. Oft sind sie über längere Zeit nicht eindeutig abgrenzbar und diagnostizierbar. Selbst wenn das der Fall ist, stimmen die Vorstellungen von Fachleuten und Laien über Art, Ursachen und Behandlungsnotwendigkeit nur begrenzt überein. Dazu kommen Vorurteile und Stigmatisierung und die Angst, die Psychiatrisierung der Kranken könne mehr schaden als ihr psychisches Leiden selbst. Diese Differenz in der

Wahrnehmung und der Beurteilung der Krankheit besteht nicht nur zwischen Fachleuten und Angehörigen, sondern auch zwischen Fachleuten und Kranken. Die besondere Art ihrer Störung macht es ihnen oft über längere Zeit nicht möglich, zu verstehen und zu akzeptieren, dass das, was sie erleiden, Krankheit ist und damit medizinischen Hilfen zugänglich.

Etwas anderes kommt hinzu. Der Einordnung der Störung als Krankheit ist oft eine lange Zeit der psychischen und psychosozialen Veränderung vorausgegangen, die sowohl die Kranken wie die Angehörigen erlebt und erfahren haben, die sie aber alle nicht als Krankheit einordnen und erklären konnten. In der Anfangsphase selbst ist es schwer zu begreifen, dass sie es mit einem ernsten, von Chronifizierung bedrohten »medizinischen« Leiden zu tun haben und nicht mit einer »normalen« Störung des Familienzusammenhanges oder mutwilligem sozialem Fehlverhalten. Solche Fehleinschätzung ist besonders häufig, wenn die Erkrankung zum ersten Mal in der Spätpubertät auftritt, wo Ablösungskonflikte zwischen Kindern und Eltern ohnehin an der Tagesordnung sind.

Der Versuch, das krankhaft gestörte Verhalten in normalen Kategorien zu erklären und zu bewältigen, ist zum Scheitern verurteilt. Es führt zu heftigen, emotional aufgeladenen Auseinandersetzungen in der Familie. Er endet nicht selten mit dem Ausschluss des später als schizophren diagnostizierten Familienmitgliedes. Günstigenfalls folgt auf das Scheitern der normalen Bewältigungsversuche die Diagnose und die psychiatrische Behandlung. Allzu häufig werden aber Hilfserklärungen herangezogen wie der Missbrauch von Cannabis, Halluzinogenen oder anderen Drogen. Dabei wird in der Regel oft übersehen, dass der Drogenmissbrauch ebenso wie der übermäßige Genuss von Alkohol auch ein Zeichen der beginnenden schizophrenen Störung sein kann, beispielsweise in Form eines untauglichen Selbstbehandlungsversuches.

Es gehört nicht viel Fantasie dazu, sich vorzustellen, dass Vater, Mutter und Geschwister im Verlauf der Störung zu ganz unterschiedlichen Auffassungen davon gelangen können, was denn nun zu tun sei. Die Mutter beispielsweise ist für Verständnis, Toleranz und Entgegenkommen, der Vater für eine klare und konsequente Linie. Die Geschwister meinen, beide Eltern hätten Unrecht. Das gilt in der Vorphase, in der noch kein Familienmitglied sich darüber klar ist, dass sie es mit psychischer Krankheit zu tun haben. Das gilt oft aber auch nach der psychiatrischen Diagnose. Es gilt insbesondere dann, wenn eine Behandlung gegen den Willen notwendig ist.

Lori Schillers Bruder berichtet nach der Krankenhauseinweisung seiner Schwester:

»Ich drehte durch, als meine Eltern mir erzählten, was sie getan hatten. Ich stand da in der Küche, und meine Hände zitterten vor Wut. ›Das ist nicht zu glauben!‹, schrie ich meine Eltern an. ›Das könnt ihr nicht machen. So könnt ihr eure Tochter doch nicht behandeln... Ihr könnt nur nicht mit ihr umgehen. Ihr tut, was das Beste für euch ist.‹... Ich glaubte damals wirklich, dass sie sie loswerden wollten... Ich wusste, wie die Leute hier unangenehme Dinge vertuschten, wie Scheidungen, drogenabhängige Kinder oder Kündigungen. Dass meine Eltern Lori in eine psychiatrische Klinik steckten, kam mir genauso verlogen vor. Es war etwas, worüber man sich nur flüsternd unterhielt.«

Wenn die Krankheit bekannt und innerhalb der Familie als solche anerkannt ist, bestehen häufig dennoch erhebliche Differenzen über den richtigen Weg des Umgangs mit den Kranken. Ist eine psychiatrische Behandlung notwendig oder nicht? Soll man es vielleicht nicht doch lieber mit einem Heilpraktiker versuchen? Darf man gar eine Behandlung gegen den Willen des Kranken veranlassen? Muss man es vielleicht?

Nicht wenige Familien zerbrechen über den Differenzen und den Belastungen, die die psychische Krankheit eines Familienmitgliedes mit sich bringt. Immer wieder bleibt am Ende die

Mutter mit dem schizophrenen Kind allein zurück – um sich am Ende vorwerfen lassen zu müssen, sie sei überängstlich oder überfürsorglich.

Der Verlust der Selbstverständlichkeit

Buchtitel oder Kapitelüberschriften wie »Wenn nichts mehr ist, wie es war...« oder »Die Welt schien in Ordnung...« stehen für die emotionale Katastrophe, die der Einbruch der schizophrenen Psychose in eine Familie bewerkstelligt. Sie signalisieren, dass die Regeln des Zusammenlebens in der Familie, die Familiengeschichten, vielleicht sogar die Familienmythen außer Kraft gesetzt sind. Sie signalisieren, dass man sich auf nichts mehr verlassen kann, was vorher selbstverständlich war. Das Zusammenleben mit einem Schizophreniekranken verändert alle Beteiligten. Das gilt in besonderem Maße, solange die Kranken durch Merkmale des zentralen schizophrenen Syndroms verändert ist, wenn sie Stimmen hören, die die anderen Familienmitglieder nicht hören können, wenn sie Botschaften aus dem Radio oder aus dem Fernsehen aufnehmen und ihr Verhalten davon bestimmen lassen. Es gilt vor allem aber, wenn die emotionale und rationale Kommunikation mit den Angehörigen durch wahnhafte Wahrnehmung ihrer Beziehungen zur belebten und unbelebten Welt verändert ist.

Die Angehörigen verzweifeln, weil sie das nicht verstehen, die Kranken, weil niemand sie versteht: »Was soll ich denn tun«, klagt eine junge schizophreniekranke Frau, »wenn nicht einmal meine Eltern mir glauben...?«

Die Veränderung in den Beziehungen endet nicht mit dem Abklingen der akuten Psychose. Einmal sensibilisiert, reagieren viele Angehörige überempfindlich und überängstlich. Sie hören gleichsam das Gras wachsen. Neigten sie vor der Diagnose der schizophrenen Störung dazu, krankhaftes Verhalten zu normalisieren, verkehren sich die Verhältnisse nun. Jede Schlafstörung, jede gereizte Reaktion, jeder Missmut, jede Erschöpfung, jede Fehlleistung wird nun zum möglichen Symptom, zum möglichen ersten Anzeichen eines Rückfalls. Die Selbstverständlichkeit im Umgang mit dem anderen ist geschwunden. Die Ungewissheit des Ausgangs und des Verlaufs ist allgegenwärtig.

Die Ungewissheit des Ausgangs

Die Schizophrenie, ich wiederhole es noch einmal, ist eine ernste, in der Regel aber gut behandelbare Krankheit. Aber niemand weiß, ob für den einzelnen Kranken in der jeweiligen Situation der Ernst oder die gute Behandelbarkeit überwiegt. Am Beginn einer schizophrenen Psychose ist der Ausgang offen. Die Angst steht im Raum, dass es sich nicht um eine glimpfliche Verlaufsform handelt – nicht um eine einzelne Episode, die verschwindet und nie wiederkehrt, sondern um einen chronisch-rezidivierenden Verlauf, um eine invalidisierende Form.

John Wing (1980) hat auf den Punkt gebracht, was die Angehörigen in besonderer Weise belastet: Das wechselnde Befinden der von schizophrenen Symptomen Geplagten scheint eines der größten Probleme für sie darzustellen. Die Eltern von geistig Behinderten wissen, wo sie stehen. Sie wissen, welche Entscheidungen sie ihnen abnehmen müssen und was sie selbstständig bewältigen können. Die psychotisch Kranken dagegen mögen in der akuten Phase völlig unfähig sein, für sich selbst zu entscheiden und zu sorgen. In der Erholungsphase aber können sie wieder vollkommen selbstständig werden. Wenn sie dann nicht bereit oder in der Lage sind zu akzeptieren, dass ihre Angehörigen zwischenzeitlich für sie handeln mussten, kann das zu einer zusätzlichen Last werden. Verzweifelte Hilflosigkeit ist gelegentlich das Ergebnis.

Dazu kommt die wechselnde Herausforderung durch die Krankheit. Einmal sollen sie sich zurückhalten, sich nicht einmischen. Das andere Mal müssen sie unbedingt eingreifen, um die soziale Existenz, manchmal sogar das Leben des erkrankten Familienmitgliedes zu schützen. Vielen Angehörigen fällt es schwer, dieses Wechselbad an Anforderungen und Gefühlen zu bewältigen:

> »Einige lernen es, mit den Kranken nicht über den Wahn und seine Halluzinationen zu diskutieren. Andere lernen es nie. Einige lernen es, den antriebsverminderten, sozial zurückgezogenen Behinderten zu aktivieren, ohne ihn zu quälen. Wieder andere drängen den Kranken durch unablässige Antreiberei aus der Familie. Andere verkraften das Gefühl nicht, für ihre Bemühungen Undank zu ernten... und ziehen sich selbst in Passivität zurück.« (Wing 1980)

Das einzige, was sicher ist, ist die Unsicherheit. An einem Tag freuen sie sich über eine Initiative des erkrankten Familienmitglieds. Am nächsten Tag schon kommt der Rückschlag – vielleicht kommt er aber auch nie. Das schizophreniekranke Kind beginnt eine Ausbildung und bricht sie wieder ab, beginnt ein Studium und bricht es wieder ab, bezieht eine eigene Wohnung und kehrt einen Monat später nach Hause zurück, ist dynamisch und optimistisch und wenige Tage später aus scheinbar nichtigem Anlass tief verstimmt; heute weltfremd und kurz danach realistisch und zugewandt. Und es ist keineswegs so, dass wenigstens diese Wechselhaftigkeit anhält. Oft gibt es lange Phasen von Stabilität – manchmal halten sie über Jahre, ja über Jahrzehnte. Aber Angehörige, die ein Wechselbad an Hoffnung und Verzweiflung hinter sich gebracht haben, die immer wieder Fortschritte und Rückschläge in regellosen und nicht berechenbaren Abständen erlebt haben, können sich nie ganz sicher sein. Gelassenheit wird von ihnen verlangt. Aber sie haben unterschwellig immer Angst.

Die Veränderung der eigenen Biografie

Der übliche Lebenslauf von Eltern in unserer Gesellschaft ist Folgender: Man hat Kinder. Man zieht sie auf. Sie wachsen heran. Sie verlassen das Haus. Sie werden selbständig. Man freut sich an ihnen oder man hat Kummer. Aber man ist nicht mehr für sie verantwortlich, wenn sie endlich erwachsen sind. Wenn man Glück hat, erfährt man von ihnen im Alter Unterstützung und Zuwendung. Das ist heute nicht mehr so selbstverständlich wie vor fünfzig Jahren. Aber selbst wenn man sich von ihnen verlassen fühlt, wenn man Undank spürt, muss man sich keine Sorgen um sie machen.

Bei Eltern von Schizophreniekranken ist das anders. Zu einem Zeitpunkt, wo andere Kinder das Haus verlassen, werden ihre Kinder unterstützungsbedürftig. Wenn sie noch im Teenageralter erkranken, bereiten sie zunächst Schwierigkeiten, die als Erziehungsprobleme in Erscheinung treten. Sie fallen in ihrer psychischen Entwicklung und in ihrer Selbstständigkeit zurück. Sie finden nur mit Mühe oder gar nicht Anschluss an Gleichaltrige. Manchmal kehren sie ins Elternhaus zurück, nachdem sie bereits in eine eigene Wohnung oder in einer Wohngemeinschaft gezogen waren. Manche schaffen keine Berufsausbildung. Andere brechen ihr Studium ab. Viele verlieren ihre Arbeit. Viele werden frühinvalidisiert, sehr viele bevor sie einen Rentenanspruch erworben haben.

Die Biografie der Eltern nimmt nicht den üblichen Lauf. Die Abnabelung des kranken Kindes wird erschwert, hinausgezögert. Oft findet sie nicht statt. Die erwachsenen Kranken oder behinderten Kinder bleiben der Mittelpunkt des Lebens ihrer Eltern. Und immer finden sich wohl meinende Freunde, Nachbarn und Therapeuten, die dies den Eltern anlasten. Teilweise haben sie dabei gewiss auch nicht ganz Unrecht. Aber das ist nur die eine Seite der Medaille. Stigmatisierung und soziale Isolierung, Hilflosigkeit und Unterstützungsbedürftigkeit sind ein starkes Band. So kommt es, dass nicht wenige Schizophreniekranke mit und bei ihren Eltern altern, sodass irgendwann die bange Frage unabweichbar ist: Was wird, wenn wir einmal nicht mehr leben?

Wenn die Schizophrenie einen chronischen Verlauf nimmt, wenn die Eltern über siebzig sind, die »Kinder« auf die fünfzig zugehen, spitzt sich die Frage nach dem »Was wird, wenn wir nicht mehr leben?« unerbittlich zu. Das ist keineswegs vorrangig eine Angelegenheit der Überfürsorglichkeit und Ängstlichkeit der Eltern. Die gesellschaftliche Fürsorge für Behinderte und chronisch Kranke ist nach wie vor mangelhaft. Ein größter Teil an Pflege und Zuwendung, an sozialer und materieller Unterstützung insbesondere psychisch Behinderter wird von ihren Familien erbracht.

Mit dem Altern der Eltern, mit deren Pflegebedürftigkeit und Tod ändert sich nicht nur die psychosoziale Situation der Behinderten, sondern auch ihre wirtschaftliche Lage in drastischer Weise. Die meisten Eltern leisten finanzielle Unterstützung aus ihrem Ersparten oder ihrer Rente. Mit eigener Pflegebedürftigkeit oder mit ihrem Tod versiegen die Ressourcen. Nur ausnahmsweise gelingt es den wenigen privilegierten Eltern chronisch psychisch Kranker ein Vermögen anzusammeln, das die wirtschaftliche Zukunft ihrer Kinder sichert. Die allermeisten sind nach dem Tod ihrer Eltern allein auf Sozialhilfe angewiesen. Nur gelegentlich können sie auf tatkräftige Unterstützung ihrer gesunden Geschwister bauen und um emotionale Zuwendung ist es oft auch nicht zum Besten bestellt. Welche Überraschung, dass die Eltern sich sorgen.

Trauer ohne Ende

Die schizophrene Erkrankung eines Angehörigen, vor allem die eines Kindes, greift tief und anhaltend in das soziale und emotionale Leben der Eltern, der Geschwister oder der Kinder der Kranken ein. Die amerikanische Psychiaterin Sarah D. Atkinson (1994) hat gezeigt, dass anhaltende Gefühle von Verlust und Trauer das Leben und Erleben von Eltern mit schizophreniekranken

Kindern nachhaltig prägen. Sie zeigen ähnliche Reaktionen wie die Eltern, deren Kinder infolge von Krankheit oder Unfall sterben. Allerdings besteht zwischen ihnen und den Eltern chronisch kranker Kinder ein entscheidender Unterschied. Während es den meisten Angehörigen gelingt, die emotionalen Folgen des Todes ihrer Kinder innerhalb der darauf folgenden fünf Jahre zu überwinden, bewältigen Eltern von chronisch psychisch Kranken ihre Trauer und ihr Verlusterleben nie vollständig. Vielmehr werden diese langfristig durch chronische Angst und wiederkehrende Schuldgefühle und dauernde Abhängigkeit ihrer erwachsenen Kinder kompliziert. Neben den konkreten Belastungen und Sorgen drängt sich lebenslang wieder und wieder die Frage auf, was aus dem Kind hätte werden können, wenn es nicht krank geworden wäre.

Ansätze zur Bewältigung

Erst wenn man begriffen hat, warum die schizophrene Erkrankung eines Angehörigen eine Katastrophe für die ganze Familie ist und warum es gar nicht anders sein kann, bestehen günstige Voraussetzungen für die Bewältigung dieser Katastrophe. Das gilt für die Hilfe wie für die Selbsthilfe. Man kann lernen, dass die schizophrene Psychose eine Krankheit ist, dass sie der Behandlung zugänglich ist, dass sie durch unvermeidbare, aber mutmaßlich unberechtigte Schuldgefühle und durch ungerechte gesellschaftliche Vorbehalte und Vorwürfe kompliziert wird. Den Schuh muss man sich nicht anziehen. Das gilt für die Kranken wie für die Angehörigen. Aber fast immer bedarf es harter Arbeit und intensiven Nachdenkens, bis man das verinnerlicht hat.

8

Veränderungen beginnen im Kopf

Was haben wir falsch gemacht? Was können wir tun?

Eine schizophrene Psychose verändert das eigene Leben – das der Kranken und das der Angehörigen und Freunde. Da ist zum einen das Leid der Krankheit. Da sind möglicherweise andauernde Symptome. Da sind die Krankheitsfolgen. Und das sind Vorwürfe und Selbstvorwürfe. Die Kranken fragen sich zwangsläufig: Warum ich? Die Angehörigen, vor allem die Eltern, fragen sich ebenso zwangsläufig: »Was haben wir falsch gemacht?« Es ist richtig, dass man sich mit dieser Frage konfrontiert. Niemand macht in der Kindererziehung alles richtig. Aber es ist ebenso richtig, dass man am Ende zu dem Schluss gelangt, dass man es mit einer Krankheit zu tun hat, einer Krankheit, an der niemand »Schuld« ist. Viel wichtiger ist, dass man sich fragt, was kann ich tun? Was kann ich tun, um die Behandlung möglichst erfolgreich zu gestalten, um die zu bewältigen oder, wenn es sein muss, mit ihr zu leben. Auch dies gilt für die Kranken wie die Angehörigen in gleicher Weise.

Was haben wir falsch gemacht?
Wer diese Frage stellt, hat schon verloren. Und doch bleibt sie niemandem erspart, der mit einer schizophrenen Erkrankung der Familie konfrontiert wird. Schizophrenie, das ist in Wirklichkeit nicht eine Krankheit; Schizophrenie, das sind drei Krankheiten. Schizophrenie, das ist zum einen jene ernste, in der Regel aber behandelbare psychische Krankheit, die durch Störungen des Fühlens, des Denkens und des Erlebens der eigenen Person charakterisiert ist und von der Eugen Bleuler in der Erstbe-

schreibung tröstlich geschrieben hat, ihr grundsätzliches Kennzeichen bestehe darin, »dass das Gesunde dem Schizophrenen erhalten bleibt«.

Schizophrenie, das ist zum anderen der stigmatisierende Name der Krankheit, das Wort in seiner negativen Besetzung, die Metapher: »Jeder, der beruflich mit Patienten und ihren Angehörigen zu tun hat, weiß, welchen Schrecken die Erwähnung des Wortes Schizophrenie hervorruft«, schreibt der Wiener Sozialpsychiater Heinz Katschnig (1989) in seinem Buch über »Die andere Seite der Schizophrenie«. Zum Dritten schließlich verlangt die Schizophrenie eine Erklärung. Sie ist keine jener Erkrankungen, die einfach so kommen – »einfach so«, wie ein Schnupfen oder ein Diabetes. Schizophrenie ist eine jener Krankheiten, für die ein Sündenbock herhalten, an der jemand Schuld sein muss. Und das sind fast immer die Eltern. Damit wird sie unausweichlich auch zu ihrem Leiden.

Einer muss ja Schuld sein

Stellvertretend für viele andere soll hier eine Mutter zu Wort kommen. Rose-Maria Seelhorst (1984) berichtete über die Zeit unmittelbar nach der Erkrankung ihres Sohnes:

> »Für uns blieb neben der Betreuung des Jungen im Krankenhaus und dem Versuch, die übrigen Kinder zu beruhigen, die böse Frage nach der Ursache der Krankheit. Die damals noch lebenden Großeltern wussten von keinem ähnlichen Fall in der Familie zu berichten. Also, so wurde uns von mehreren Seiten erklärt, es gebe nur eine Erklärung, und das sei überhaupt die Erklärung für die rätselhafte Krankheit Schizophrenie: falsche Erziehung, mieses Familienklima.«

»Mütter sind an allem Schuld«, lautet der Titel eines Buches der Basler Pädagogin Jolanda Cadalbert Schmid: völlig klar. Wenn man erst einmal anfängt, darüber nachzudenken, was man alles falsch gemacht hat in der Erziehung seiner Kinder, kann man sich nur die Haare raufen. Eltern sind Menschen; und Menschen machen Fehler. Eltern sind Anfänger, wenn sie ihr erstes Kind haben; und Anfänger machen Fehler. Es hilft ihnen wenig, wenn sie die gut gemeinten Ratschläge von Großeltern, Freunden und Nachbarn beherzigen und sich alle jene Bücher über die rechte Kindererziehung zu Gemüte führen, derer sie habhaft werden können. Denn die Vorstellungen von der richtigen Kindererziehung sind keineswegs zeitlos. In zwanzig Jahren wird vieles als falsch gelten, was heute richtig ist. Und schizophren wird das Kind mit zwanzig und nicht im ersten Lebensjahr.

Und was ist mit all unseren Unzulänglichkeiten? Unsere gelegentliche Trägheit? Unserer Unausgeglichenheit, unserer Neigung zu überschießenden Gefühlen, mit der eigenen depressiven Verstimmtheit? Wie ist das mit Partnerschaftsproblemen? Haben wir sie in der »richtigen« Art und Weise bewältigt? Was ist, wenn wir uns gar getrennt haben? Oder ist es schlimmer, wenn wir trotz Schwierigkeiten zusammengeblieben sind? War es richtig, beizeiten wieder arbeiten zu gehen und das Kind allein zu lassen? War es überfürsorglich, trotz Wunsches nach eigener Berufstätigkeit bis zur Einschulung des Kindes zu Hause zu bleiben? Hat der Babysitter, vor dem die Schwiegermutter immer gewarnt hat, vielleicht doch einen schlechten Einfluss ausgeübt? Wäre der Walldorf-Kindergarten nicht besser gewesen als der evangelische? Und überhaupt, wie ist es mit unseren eigenen Problemen? Sind wir nicht vielleicht gestörter in unserer Persönlichkeit als wir das immer wahrhaben wollte?

Fragen über Fragen, und alle gehen an der Sache vorbei. Selbstverständlich verhalten Eltern sich falsch. Selbstverständlich unterlaufen ihnen Erziehungsfehler und Ungerechtigkeiten. Selbstverständlich gibt es Phasen von Überfürsorglichkeit – und von kühler Zurückhaltung. Selbstverständlich gibt es Familien, in denen ein mieses Klima herrscht, in denen es den Kindern oder den Eltern oder allen zusammen nicht gut geht. Aber im Hinblick auf die schizophrene Erkrankung eines Familienmitgliedes sind alle diese Fragen müßig. Noch einmal: Nach dem derzeitigen Stand unseres Wissens gibt es keinen Anhaltspunkt dafür, dass die Schizophrenie durch Fehler in der Erziehung oder ein ungutes Familienmilieu *verursacht* wird.

Unbekannte Ursachen – erhöhte Verletzlichkeit

Es ist hier nicht der Ort, dem derzeitigen Stand der Ursachenforschung im Einzelnen nachzugehen. Auf das entsprechende ausführliche Kapitel in meinem Buch »Schizophrenie – die Krankheit verstehen« sei verwiesen. Wir gehen heute davon aus, dass Menschen, die später an Schizophrenie erkranken, schon vorher verletzlicher für Einwirkungen von innen und von außen sind. Dabei wirken biologische, psychologische und soziale Einflüsse zusammen. Im Zusammenspiel machen sie die erhöhte Verletzlichkeit – die Vulnerabilität, wie es in der Fachsprache heißt – aus, die wir heute als Grundbedingung für die Entstehung einer schizophrenen Psychose betrachten. Es gibt aber keinen fassbaren Einzelfaktor, der dafür verantwortlich ist. Sicher ist, dass die Vulnerabilität individuell ist, dass jeder Einzelne durch andere Belastungen verletzlich ist.

Es gibt eine *familiäre Häufung* der Erkrankung. Sie tritt häufiger gleichsinnig bei eineiigen als bei zweieiigen Zwillingen auf. Sie wird häufiger bei adoptierten Kindern psychosekranker Mütter beobachtet als bei solchen gesunder Mütter. Etwa fünf Prozent der Eltern Schizophreniekranker sind selbst schizophren; und wenn dies der Fall ist, wirkt sich das natürlich auf das Familienmilieu, auf die Beziehung der Familienmitglieder zueinander aus. Aber das ist dann nicht die Ursache der Krankheit des Kindes.

Lebensverändernde Ereignisse – so genannte Live-Events – wie Übergang von der Schule in den Beruf, Ablösung von den Eltern in der Pubertät, Verselbstständigung in einer eigenen Wohnung spielen eine Rolle im Entstehungsgefüge; vor allem aber wirken sie sich auf den Verlauf der Psychose aus. Psychosoziale Spannungen innerhalb der Familie, mit dem Partner oder mit der übrigen unmittelbaren Lebensumwelt spielen bei Manifestation und Verlauf eine Rolle. Belastende lebensverändernde Ereignisse, wie sie sich in Eckpunkten der Entwicklung junger Erwachsener in besonderer Deutlichkeit niederschlagen, stehen unverkennbar im Zusammenhang mit Auslösung und Entwicklung schizophrener Psychosen. *Biochemische Veränderungen* im Gehirnstoffwechsel sind zumindest in der akuten Psychose nachweisbar.

Aber alle diese Befunde liefern keine Erklärung für die Entstehung der Erkrankung. Nach allem, was wir über die Psychosen aus dem schizophrenen Formenkreis wissen, ist dies auch nicht zu erwarten. Vieles spricht dafür, dass wir es nicht mit einer in Ursache, Erscheinung und Verlauf einheitlichen Krankheit zu tun haben. Die Benennung der Psychosen aus dem schizophrenen Formenkreis als »Gruppe der Schizophrenien«, die Eugen Bleuler um die Jahrhundertwende getroffen hat, unterstreicht das von Anfang an.

Im Verlauf von mittlerweile über hundert Jahren Schizophrenieforschung haben sich jene Erklärungsansätze als am wenigsten tragfähig erwiesen, die eine einheitliche Entstehungsursache angenommen hatten: In der ersten Hälfte dieses Jahrhunderts die Vererbungslehre, im dritten Quartal die Theorie von der »schizophrenogenen« Mutter und im letzten Jahrzehnt die Molekulargenetik. Am tragfähigsten sind jene Erklärungsansätze gewesen, die von einer so genannten »multifaktoriellen« Bedingtheit der schizophrenen Psychose ausgingen. Die Annahme einer verstärkten Vulnerabilität ist ein solcher Ansatz.

Soziale und kulturelle Aspekte

Die Ableitung der Erkrankung aus dem Familienmilieu aus gestörten innerfamiliären Beziehungen hat die Tatsache zu berücksichtigen, dass die Schizophrenie weltweit in allen Kulturen gleich häufig auftritt und dass dies, soweit nachweisbar, auch in vergangenen Jahrhunderten so gewesen ist. Weil das innerfamiliäre emotionale und soziale Gefüge in unterschiedlichen Kulturen und unterschiedlichen Zeiten extreme Unterschiede aufweist und immer wieder radikalen Wandlungen unterworfen ist, müsste auch die Schizophreniehäufigkeit unterschiedlich sein, wenn ein spezifisches Familienmilieu wirklich »schizophrenogen« wirksam wäre.

Die gegenwärtige Soziologie hat keinen definierbaren Erziehungsstil und kein abgrenzbares Familienmilieu ableiten können, in dem schizophrene Erkrankungen gehäuft auftreten – selbst wenn die Vertreter der Lehre von der »schizophrenogenen« Mutter wie Theodore Lidz und andere dies behauptet haben und einzelne Vertreter der systemischen Familientherapie, wie Fritz Simon und Arnold Retzer, das weiterhin unterstellen. Richtig ist, dass wir in Familien mit schizophrenen Mitgliedern gehäuft ein problematisches, gespanntes Milieu antreffen. Aber wen wundert das? Es wäre gleichsam nicht »normal«, wenn das Zusammenleben mit schizophrenen Angehörigen im Familienverbund nicht belasten und verändern würde. Die neuere Familienforschung, wie sie beispielsweise von Leff und Vaughn (1989) vertreten wird, hat zum Verständnis dieser Situation viel beigetragen (vgl. Kap. 3 und 12).

Lange Vorlaufzeit

Es ist richtig, dass bei Befragungen von Familienangehörigen festgestellt worden ist, dass in Familien, in denen später jemand schizophren erkrankt, schon vor dem Ausbruch der Störung gehäuft Probleme bestanden haben. Dazu sind zwei Anmerkungen erforderlich. Zum einen müssen wir uns erinnern, dass in Familien mit schizophrenen Kindern gehäuft auch andere Personen, etwa ein Elternteil, an dieser Störung leiden. Zum anderen geht dem Ausbruch der Psychose oft eine lange Vorphase voraus, ein so genanntes Prodromalstadium, in dem sich der später manifest Schizophrene schon anders verhält als in gesunden Zeiten: Er zieht sich zurück, ist verletzlicher, als Folge davon oft auch aggressiver in innerfamiliären Auseinandersetzungen. Ein solches Vorstadium kann Jahre andauern und bleibt nicht ohne Auswirkungen auf die Beziehungen der Familienmitglieder zueinander.

Der englische Medizinsoziologe George Brown (1972) berichtet in einer Studie über die Familie schizophrener Patienten über die Befragung von Lehrern, die die späteren Kranken etwa fünf Jahre vor der Klinikaufnahme unterrichtet hatten:

»Die Lehrer waren über das Ziel der Untersuchung nicht unterrichtet, und die Interviewer wussten bei der Befragung ebenfalls nicht, ob es sich um einen Patienten oder ein Kind aus der Kontrollgruppe handelte. Die Lehrer hatten bei den meisten Patienten mehrere Jahre vor Ausbruch der akuten Psychose Charaktereigentümlichkeiten bemerkt. Die auffälligsten Wesensmerkmale der präpsychotischen Kinder waren Scheu und soziale Zurückgezogenheit...«

Aus solchen Befunden ließe sich ableiten, dass es möglich sein müsste, gefährdete Kinder von Stress und belastenden Lebensereignissen zu bewahren, um so den Ausbruch der Psychose zu verhindern – eine neue Möglichkeit, sich Schuld aufzuladen, wenn man dies nicht tut. Aber auch hier sei vor der Vorstellung gewarnt, dies sei generell machbar. Für sehr viele Heranwachsende ist die Pubertät eine krisengeschüttelte Zeit. Für alle ist sie eine schwierige Lebensphase, die durchgestanden und bewältigt werden muss – nicht nur von ihnen, auch von den Eltern und Geschwistern. Selbst geschulte Beobachter würden nur in seltenen Ausnahmefällen zwischen einer »normalen« und einer präpsychotischen Krise in der Pubertät unterscheiden können, und die falsche Diagnose einer beginnenden Schizophrenie kann fatale Folgen haben!

Entwicklungskrisen unvermeidbar

Zur gesunden Bewältigung dieser Lebensphase ist Auseinandersetzung unabdingbar. Eine künstliche Schonhaltung könnte sehr wohl andere negative Entwicklungen einleiten oder zumindest den Prozess der Ablösung von den Eltern und des Erwachsenwerdens verzögern. Hier scheint mir ein zentraler Schlüssel im Verständnis der Rolle lebensverändernder Ereignisse beim Ausbruch schizophrener Psychosen zu sein. Viele solche Ereignisse gehören unabdingbar zum Entwicklungsprozess einer gesunden Persönlichkeit. Die Ablösung von den Eltern, der Übergang von der Schule in den Beruf oder in die Universität, das Eingehen einer Partnerschaft und vieles andere mehr sind Entwicklungsschritte, die jeder durchmachen muss. Sie können nicht auf der Grundlage einer mehr oder weniger unspezifischen Theorie von der Psychoseauslösung vermieden werden.

Um es abschließend noch einmal zu wiederholen. Die Suche nach einer individuellen, fassbaren Schuld führt zu nichts. Sie ist durch die heutige Vorstellung von der Entstehung schizophrener Psychosen nicht begründbar. *An Schizophrenie ist niemand Schuld.* Die Suche nach dem Sündenbock, das Hin- und Herschieben des Schwarzen Peters erweist sich rasch als Hindernis bei der Bewältigung eines dramatischen lebensverändernden Ereignisses, das die Erkrankung eines Familienmitgliedes an Schizophrenie darstellt. Lähmung, Verleugnung, Depressivität, Zorn, Verzweiflung und Trauer und schließlich Annahme der Herausforderung und Beginn der Verarbeitung sind Phasen der Bewältigung wie bei anderen Lebenskrisen auch, für die Angehörigen wie für die Kranken selbst.

Was können wir tun?

»Was können wir tun?« Ungezählte Male haben Eltern Schizophreniekranker mir diese Frage gestellt, wenn ich ihnen in der Sprechstunde, auf der Station oder bei Vorträgen begegnet bin. Es ist eine simple Frage, auf die eine einfache Antwort nicht möglich ist. Sicher, ich kann ihnen raten, sich zunächst einmal zu fassen, sich in Geduld zu üben. Die meisten Eltern erleben die Diagnose als Schock. Sie müssen erst einmal wieder zu sich selbst finden. Dazu benötigen sie Hilfe vonseiten der Ärzte und der anderen Therapeutinnen ihres Kindes, das im Übrigen in der Regel erwachsen ist. Das macht es nicht leichter. Nur selten sind die Beziehungen zwischen dem erkrankten erwachsenen oder heranwachsenden Kind in der Phase der beginnenden Schizophrenie spannungsfrei.

Wenn die Diagnose einer Schizophrenie, einer Psychose aus dem schizophrenen Formenkreis gestellt wird, wenn die Eltern die Eltern daran denken oder wenn die Ärzte sie ihnen mitteilen, ist meist schon viel geschehen: häufig eine Klinikeinweisung unter mehr oder weniger dramatischen und erschreckenden Umständen; fast immer eine Phase der Veränderung des Verhaltens und des Wesens des später als krank erkannten Kindes. Ebenfalls fast immer ist eine längerandauernde Zeit quälender Auseinandersetzungen mit den Eltern über dieses Verhalten vorausgegangen, das diese nicht verstehen und oft auch nicht billigen können.

Vor der Diagnose

Nur wenn man es selbst erlebt hat, kann man das wirklichkeitsnah und authentisch vermitteln. Ich zitiere im Folgenden den Bericht einer Mutter über den Beginn der Erkrankung ihres Sohnes:

> »Er war damals sechzehn Jahre alt. Es begann damit, dass er sich von der Familie und den Klassenkameraden distanzierte und sich nur noch für bestimmte theologische Fragen interessierte. Er nahm Kon-

takt zu den ›Zeugen Jehovas‹ auf und lernte schließlich die so genannten ›Kinder Gottes kennen‹. Aber zu der Zeit ging es ihm bereits so schlecht, dass er manchmal nicht mehr wusste, wer er war… Als mein Mann unserem Sohn die schriftliche Einwilligung, mit den Kindern Gottes ziehen zu dürfen, nicht geben wollte, kam es zu einer schrecklichen Szene. Einen Tag später ließ er sich von mir in die Sprechstunde eines Nervenarztes bringen… Die Medikamente nahm unser Sohn nicht und den Kontakt zu den Kindern Gottes ließ er sich nicht verbieten. An einem Sonntag fuhr er mit dem Rad weg und kam nicht wieder nach Hause. In hilflosem Zustand wurde er abends von der Hamburger Polizei auf dem Flughafen aufgegriffen. Als mein Mann und ich ihn von der Polizeistation abholten, wo er die Nacht in einer Zelle hatte verbringen müssen, fühlte er sich so krank, dass er bereit war, sich im Krankenhaus behandeln zu lassen… Es ist schwer zu schildern, wie es in der Zeit bis zur ersten Einweisung um die Familie stand. Eine junge Ärztin erklärte uns, dass es keine Therapie gäbe, die Heilung verspreche. Immerhin sei Heilung möglich.«

Was Rose-Maria Seelhorst (1984) hier beschreibt, ist in vielfacher Hinsicht typisch. Typisch ist auch die Reaktion, die Wolfgang Gottschling (1992) in dem von Heinz Deger-Erlenmaier herausgegebenen Buch »Wenn nichts mehr ist, wie es war« in der Rückschau schildert:

»Man nannte uns eine glückliche Familie, beneidete uns. Aber das war vor sechs Jahren, als unser jüngster Sohn noch nicht erkrankt war oder wir es noch nicht wahrhaben wollten? Die Welt schien in Ordnung, ich ging auf die Sechziger zu und schmiedete bereits Pläne, was ich alles tun würde, wenn ich erst im Ruhestand wäre. Viel reisen wollte ich, lesen, Museen besuchen, einfach im Alter mit meiner Frau glücklich und zufrieden sein. Ja, damals vor sechs Jahren. Heute weiß ich, dass alles ein Phantom war, ein schöner Traum. Denn ich kannte ja noch nicht die tückische Krankheit, die man Schizophrenie nennt. Wie sollte ich auch, denn soweit ich mich erinnern konnte, gab es in einer Familie keinen solchen Fall. Sicherlich gab es auch in merkwürdige Gestalten, Leichtfüße, Geizhälse, Angeber – aber so was?

Heute beherrscht mich die Krankheit, sie ist zum Gesprächsthema der Familie geworden. Sie bedrückt mich, sie würgt mich, ich spüre ihre Fesseln. Manchmal kommt der Gedanke hoch: ›Hau doch einfach ab, fliehe weit weg irgendwo hin!‹. Aber dann spricht eine innere Stimme in mir: ›Das kannst du doch nicht tun, einfach deine Familie im Stich lassen, deinen kranken Sohn opfern?‹. Also bleibe und leide. Dann ertappe ich mich bei dem Gedanken: ›Mach doch einfach Schluss, es hat alles keinen Sinn!‹ Aber dann erschrecke ich über diese Gedanken. Also lasse ich es und leide!«

Als Rose Marie Seelhorst nach der Erkrankung des zweiten Sohnes gebeten wird, bei einer Tagung über die Situation ihrer Familie zu berichten, reagiert sie zunächst zurückhaltend. Sie fürchtet, dass die Beschäftigung damit sie zu sehr deprimieren würde. Ihr kommen die »unbekümmerten« Worte eines junges Arztes ins Gedächtnis: »Wie ist das eigentlich für die Familie, wenn einer psychisch krank ist?«

»Für uns lag und liegt das Hauptproblem im Zusammenleben mit den kranken Söhnen in der Bewältigung der großen Aufregungen und des Kummers, den ihre Erkrankung uns bereitet. Die vielfältigen Probleme, die ihre Krankheit uns gebracht hat und noch laufend bringt, waren bisher sekundär. Die Gewichtung beruht vor allem auf der Tatsache, dass wir in gesicherten finanziellen Verhältnissen leben... Dazu muss man auch bedenken, dass wir nie bereit waren, die Krankheit als unabwendbaren Dauerzustand anzuerkennen. Wir setzen nach wie vor alles daran, dass die Söhne wieder gesund, zumindest gesünder werden.«

Begrenzte Kompetenz der Fachleute

Es muss den Fachleuten schwer fallen, Eltern eines schizophrenen Kindes, wie im Falle der Seelhorsts zweier psychisch kranker Kinder, Ratschläge zu erteilen, was sie tun können und sollen. Die Empfehlungen, die ich als Psychiater geben kann, beschränken sich vor allem auf die medizinische Seite der Erkrankung. Experten für jene andere Seite der Schizophrenie, über die Auseinandersetzung und den Umgang mit den »Patienten zu Hause« (Heinz Katschnig 1989), sind die Angehörigen selbst bzw. andere Angehörige, die schon über längere Zeit durch die Höhen und Tiefen eines Lebens mit schizophreniekranken Kindern gegangen sind. Dennoch habe ich in 28-jähriger Berufstätigkeit als Psychiater in zahllosen Gesprächen mit Angehörigen und der Auseinandersetzung und Zusammenarbeit mit Angehörigenvereinigungen in England, Deutschland, Österreich und der Schweiz einiges gelernt. Vieles davon habe ich in meinen Büchern »Schizophrenie – die Krankheit verstehen« und »Medikamentenbehandlung bei psychischen Störungen«, die sich auch an Angehörige richten, niedergeschrieben. Anderes will ich im Folgenden in aller Kürze hinzufügen.

Die Krankheit erhält ihren Namen

Da ist zunächst einmal der Name der Krankheit. Er ist geeignet, Angst und Schrecken, Mutlosigkeit und Verzweiflung auszulösen. »Offenbar hat der Begriff ein Eigenleben entwickelt, das der heutigen Realität der Schizophrenie in keiner Weise mehr entspricht«, schreibt Heinz Katschnig (1989) in dem bereits erwähnten Buch über »Die andere Seite der Schizophrenie«. »Jeder, der beruflich mit Patienten und ihren Angehörigen zu tun hat, weiß, welchen Schrecken die Erwähnung des Wortes Schizophrenie hervorruft und hat gelernt, es nur sehr vorsichtig oder überhaupt nicht zu verwenden.«

Das trifft weitgehend zu; und sicher ist es richtig, den Begriff vorsichtig zu verwenden (vgl. Kap. 6). Es wäre falsch, ihn zu meiden. Schizophrenie ist eine Krankheit, mit der sich nicht nur die Kranken selbst, sondern die ganze Familie auseinander setzen müssen. Damit das möglich ist, muss man sie benennen: Angehörige tun gut daran, dem behandelnden Arzt gegenüber nicht zu vermitteln: »Um Gottes willen, sagen Sie mir nur nicht, es handle sich um eine Schizophrenie. Das wäre das Schlimmste!« Angesichts des Schreckens, den die Diagnose verbreitet, ist das möglicherweise zuviel verlangt. Aber die schlimme Konsequenz ist ein gegenseitiges Versteckspielen von Arzt und Angehörigen. Das aber ist in jedem Fall kontraproduktiv. Erst wenn man weiß, woran man ist, kann man sich damit auseinander setzen. Das heißt, man muss auf umfassende Aufklärung dringen; und danach muss man sich aktiv informieren.

An erster Stelle steht immer noch das Gespräch mit dem behandelnden Arzt. Aber von diesem darf man sich auch nicht zuviel erwarten. AssistenzärztInnen in psychiatrischen Kliniken sind ÄrztInnen in Ausbildung. Sie sind in mancher Hinsicht unsicher. Das bedeutet nicht, dass sie ihre Arbeit nicht ordentlich machen. Dabei werden sie von ihren Oberärzten überwacht. Häufig neigen sie bei der Übermittlung von Informationen dazu, sich nicht festzulegen. Hinzu kommt, dass dies alles andere als einfach ist. Die Diagnose einer schizophrenen Psychose wird aufgrund der aktuellen Symptomatik und des längerfristigen Verlaufs gestellt. Eine verbindliche Auskunft kann also erst nach einigen Monaten gegeben werden. Stillschweigend stellen sie sich auf die schwerwiegendste Möglichkeit ein und handeln auch so. Das sollten die Angehörigen auch tun. Sie gewinnen dann Zeit für die Auseinandersetzung mit ihrer Situation. Sollte sich im Nachhinein herausstellen, dass es sich bei der Störung um eine vorübergehende psychotische Episode gehandelt hat, umso besser!

Ein Informationsgespräch muss nicht am Aufnahmetag stattfinden. Im Gegenteil. In der Aufnahmesituation sind alle Beteiligten aufgeregt und verängstigt. Der aufnehmende Arzt steht, insbesondere außerhalb der regulären Dienstzeit, oft unter erheblichem Zeitdruck; und meist wird er nicht der behandelnde

Arzt des Kranken sein. Es empfiehlt sich, in den Tagen nach der Aufnahme einen Gesprächstermin zu vereinbaren. Bei dieser Gelegenheit wird der Therapeut Fragen zur Vorgeschichte der Erkrankung stellen wollen. Bei dieser Gelegenheit haben die Angehörigen dann Gelegenheit, sich über den Zustand des Kranken und den weiteren Behandlungsplan und die Krankheit zu informieren. Im Lauf der weiteren Behandlung wird es dann zu weiteren Gesprächen kommen. Wenn nicht, sollten die Angehörigen darauf dringen. Sie haben ein Recht darauf.

Informationen sind wichtig

Beim Vorliegen einer schizophrenen Psychose sollten die Angehörigen es dabei nicht belassen. Sie sollten auf weitere Informationsquellen zurückgreifen. Zu einen sollten sie lesen. Der nächstliegende Ort, sich zu informieren, ist in aller Regel nicht das Konversationslexion. Zwar hat sich da in den letzten Jahren einiges geändert. In vielen Lexika stehen immer noch haarsträubende, überholte oder falsche Informationen über die Schizophrenie. Besser geeignet sind Bücher oder Broschüren, die sich speziell an Angehörige wenden oder doch so geschrieben sind, dass sie allgemein verständlich sind. Es gibt inzwischen eine ganze Reihe von Publikationen, die diese Anforderung erfüllen. Der Dachverband psychosozialer Hilfsvereine in Bonn vertreibt eine kostenlose Literaturliste.

Persönlich empfehle ich neben meinem eigenen Buch (Schizophrenie – die Krankheit verstehen) das Buch von Daniel Hell und Margret Gestefeld »Schizophrenien«, das in kurzer, stichwortartiger Form gut verständliche und umfassende Informationen über die Krankheit und ihre Behandlung vermittelt sowie das von Josef Bäuml herausgegebene Buch »Psychosen aus dem schizophrenen Formenkreis«, das jenen Lesern und Leserinnen gerecht wird, die eine tabellarische und schematische Darstellung bevorzugen.

Lori Schiller vermittelt aus meiner Sicht eine gelungene Darstellung der eigenen Krankheit, einer außerordentlich schwer verlaufenden paranoiden Psychose, die über anderthalb Jahrzehnte anhält. Das Buch gewinnt dadurch an Authentizität, dass ihre Eltern, ihr Bruder, ihre Freundin und ihre behandelnde Ärztin zugleich mit ihrer Sichtweise von der Entwicklung und dem Verlauf der Krankheit zu Wort kommen.

Der zweite, möglicherweise fruchtbarste Weg, zu Informationen zu gelangen, ist die Kontaktaufnahme mit einer Selbsthilfevereinigung einer Angehörigenorganisation. Anschriften örtlicher Selbsthilfegruppen vermittelt der Bundesverband der Angehörigen psychisch Kranker. Bestätigt sich die Diagnose einer schizophrenen Psychose, ist der Anschluss an eine Selbsthilfegruppe, wenn irgendmöglich, dringend geboten. Erfahrene Angehörige kennen sich in anderer Weise mit den Folgen der Erkrankung aus als Therapeuten. Sie können für den alltäglichen Umgang mit dem Kranken Ratschläge erteilen und Hilfe leisten. Sie können nach der Krankenhausentlassung Ratschläge für den täglichen Umgang erteilen, wenn keine vollständige Wiederherstellung eingetreten ist. Die Angehörigenvereinigungen verfügen neben den Sozialdiensten der Kliniken auch über die solidesten Informationen darüber, an wen man sich bei konkreten wirtschaftlichen Schwierigkeiten wenden kann und wie dabei vorzugehen ist. Mitbetroffene Angehörige vermitteln auch konkrete Hilfen und moralische Unterstützung in Not und weisen den Weg, wie die mit Angehörigen über der Sorge um das kranke Familienmitglied auch zu ihrem eigenen Recht kommen. Mit Selbsthilfe ist in diesem Sinn auch ganz gezielte Hilfe für die Angehörigen selbst gemeint.

Die Schizophrenie ist, wenn keine vollständige Genesung eintritt, eine Erkrankung mit chronisch rezidivierendem Verlauf. Das heißt, mit dem Befinden eines Kranken geht es auf und ab. Phasen des Wohlbefindens wechseln mit Phasen von Krankheit und Behinderung ab. Wenn eine solche Verlaufsform eintritt, verlangt sie von den Angehörigen in erster Linie viel Geduld. In zweiter Linie bedeutet eine solche Entwicklung, dass sie ihr Alltagsleben und ihre Lebensplanung in mancher Hinsicht ändern müssen.

Diese Veränderungen beginnen im Kopf. Die Erkrankung eines Kindes an Schizophrenie bedeutet, dass die Vorstellungen, die sie sich in zwanzig oder dreißig Jahren über den weiteren Lebenslauf des heranwachsenden oder erwachsenen Kindes gemacht haben, revidieren müssen. Viele Hoffnungen werden nicht zu realisieren sein, zumindest nicht mit der gleichen Wahrscheinlichkeit wie vorher. Es ist nicht mehr sicher, dass der Auszubildende seine Lehre, der Student sein Studium abschließen wird; und wenn er es dennoch schafft, spricht einiges dafür, dass er es nicht auf einen Spitzenjob, auf eine außerordentliche Karriere anlegt, sondern dass er sich einen Platz in seinem Beruf sucht, in dem er gut zurechtkommt und sich wohl fühlt. Dagegen ist ja auch nichts einzuwenden. Im Gegenteil! Zum ganz großen Sprung nach oben, kann er immer noch ansetzen, wenn die Gesundheit sich stabilisiert hat.

Mit der Gründung einer eigenen Familie ist es ähnlich; und wenn er oder sie eine Partnerschaft eingeht, stellt sich die Frage nach Kindern. Will das Paar die Gefahr in Kauf nehmen, dass ein eigenes Kind ebenfalls an Schizophrenie erkrankt (Erkrankungsrisiko bis zehn Prozent)? Will die Kranke einen Rückfall in der Schwangerschaft risikieren? Ist sie oder er stabil genug, ein Kind in Geborgenheit und Freiheit aufzuziehen und ihm emotionale Stabilität zu vermitteln? Für die Eltern des Schizophreniekranken bedeuten negative Antworten auf diese Fragen unter Umständen den Verzicht auf die Vorstellung, jemals Enkel zu haben. Sie müssen lernen, damit umzugehen.

Andere Veränderungen sind viel konkreter und viel einschneidender. Die schizophrene Erkrankung bei Heranwachsenden oder bei jungen Erwachsenen ist häufig mit einem Rückschritt in der persönlichen Entwicklung und Reife verbunden. Konkret bedeutet das häufig, dass der oder die Jugendliche, die auf dem Sprung aus dem Elternhaus in die eigene Wohnung oder die Wohngemeinschaft war, diesen Schritt nicht vollzieht oder dass der junge Erwachsene, der schon selbstständig ist, durch die einsetzende Erkrankung vorübergehend oder auf länger Zeit ins Elternhaus zurückkehrt.

Konkret bedeutet das auch, dass wirtschaftliche Selbstständigkeit nicht oder nur mit Verzögerung eintritt. Das heißt, Eltern müssen ihre heranwachsenden oder erwachsenen Kinder über längere Zeit als geplant oder auf Dauer finanziell unterstützen, da sie kein eigenes Einkommen oder keinen Anspruch auf eine eigene Rente haben. Bei beruflichem Scheitern oder bei Abbruch der Ausbildung kann es geschehen, dass die Kranken in den elterlichen Haushalt zurückkehren und dort bei entsprechender Symptomatik untätig herumsitzen und auf die eine oder andere Weise die Zeit totschlagen. Nicht ganz selten wird die chronische Erkrankung durch einen sekundären Alkoholmissbrauch oder durch schädlichen Cannabismissbrauch kompliziert. Alles dies kann dann zu einer erheblichen Belastung im Zusammenleben werden.

Alles dies sind Situationen, die bewältigt werden müssen. Das ist leichter, wenn man sie sich rechtzeitig vorstellt, wenn man sich mit der Möglichkeit vertraut macht, dass sie eintreten können und wenn man nach Wegen sucht, ihnen zu begegnen. Auch dies ist am besten im Austausch mit anderen betroffenen Angehörigen möglich.

Die Schizophrenie ist eine ernste, in der Regel aber gut behandelbare Krankheit. Zentrales Problem der Behandlung besteht aber darin, dass die Bereitschaft der Kranken, sich behandeln zu lassen und an einer Therapie mitzuarbeiten, Voraussetzung für einen dauerhaften Erfolg ist. Die Kranken darin zu unterstützen, ist eine zentrale Aufgabe und eine Chance der Angehörigen. Was aber, wenn dies nicht erreicht werden kann? Scheitern bedeutet nicht Aufgeben, sondern es bedeutet, weiterhin darauf hinzuwirken. Aber wenn sie vorläufig gescheitert sind, ist es für die Angehörigen von zentraler Bedeutung, sich über ihre eigenen Grenzen klar zu werden, sie gegenüber den Kranken formulieren und am Ende für ihre Einhaltung Sorge zu tragen. Das gilt in besonderem Maße, wenn die Kranken im Haushalt der Eltern leben. Es gibt Situationen, die niemand aushalten kann (auch die fürsorglichsten Eltern nicht). Aus der neueren Familienforschung wissen wir zudem, dass psychische Gesundheit, emotionale Ausgeglichenheit und ein Mindestmaß an Gelassenheit Voraussetzung für eine konstruktive Begegnung mit psychisch kranken Angehörigen sind.

Konkret bedeutet das, dass die Eltern, wenn sie mit Kranken zusammenleben, Anspruch darauf haben, dass diese ein Mindestmaß an Regeln im gemeinsamen Haushalt einhalten. Das betrifft die Zeitstrukturierung, die Teilnahme bzw. Nichtteilnahme am gemeinsamen Familienleben, die persönliche Hygiene und die Sorge für das eigene Zimmer. Das betrifft auch den Umgangston und die Klarheit darüber, dass die Eltern für eine Wiederzuweisung zur Behandlung, gegebenenfalls in die Klinik, sorgen werden, wenn eine Verschlimmerung der Krankheit eintritt, die aus ihrer Sicht ein Eingreifen notwendig macht. Sie müssen dies – und das gehört zu dem Schwersten, was von Eltern verlangt wird – gegebenenfalls auch gegen den Willen der Kranken durchsetzen. Niemand wird ihnen dies abnehmen. Gelegentlich

müssen sie sogar in Kauf nehmen, dass der Notarzt, der Amts-
arzt oder der Arzt des sozialpsychiatrischen Dienstes die Situation anders beurteilt als sie und ihrem Appell nach Hilfe und Abhilfe nicht folgt.

Ich bin mir bewusst, dass solche Ratschläge leicht zu erteilen,
oft aber nur schwer zu befolgen sind. Das entbindet aber nicht
von der Notwendigkeit, sie klar zu formulieren und auf ihre
Einhaltung zu dringen. Ist dies nicht annähernd möglich, kann
es für alle Beteiligten sinnvoll sein, auf ein Zusammenleben zu
verzichten und nach einer Alternative zu suchen. Auch für psychisch behinderte Menschen ist ein möglichst selbstständiges Leben erstrebenswert. Die Wege dorthin sind vielfältig. Es bestehen mittlerweile vielfältige Abstufungen beschützenden, z.T.
selbstständigen Wohnens außerhalb der Klinik und außerhalb der
Familie: In Übergangs- oder Dauerwohnheimen, in der beschützenden Wohngemeinschaft, in der beschützenden Einzelwoh-
nung, in der eigenen Wohnung mit lockerem Hilfsangebot und
vieles andere mehr. Ähnliches gilt für die Zeitstrukturierung
durch Arbeit und Betätigung, durch Gestaltung von Freizeit und
Teilhabe am gesellschaftlichen Leben.

Im Verlauf längerandauernder Erkrankung wird manches klar,
was kurzfristig nicht zu klären ist. Es lösen sich manche Probleme und Konflikte, die in der akuten Zuspitzung auswegslos erscheinen. Von großer Bedeutung kann sein, dass man für sich
selber den Anspruch stellt, wie Rose Maria Seelhorst es oben
formuliert hat, nie bereit zu sein, die Krankheit als »unabwendbaren Dauerzustand« anzuerkennen und alles daran zu setzen,
dass das erkrankte Kind wieder gesund oder zumindest gesünder wird. Die schizophrene Psychose kann auch nach langjähri-
gem, schwerem Verlauf abklingen. Es kann jederzeit zu einer
Wende zum Positiven kommen.

Allerdings muss man sich, ungeachtet der Wichtigkeit die
Herausforderung der Krankheit aktiv anzunehmen, bewusst

sein, dass die Schizophrenie eine Erkrankung ist, die im Einzelfall auch einen sehr schweren Verlauf nehmen kann. Man kann eine Besserung nicht erzwingen. Man muss sich bewusst sein, dass jede Therapie zu jedem gegebenen Zeitpunkt ihre individuellen Grenzen hat und dass es keinen Zweck hat, die Kranken mit überzogenen Behandlungszielen zu überfordern und zu überlasten. Eine verminderte subjektive Lebensqualität oder ein Rückfall in die Psychose kann die Folge sein. Es gibt Situationen, in denen nur eines bleibt: Geduld.

9

Psychoinformation

Eine Chance für Kranke und Angehörige

Die Fixierung auf die Suche nach dem Schuldigen hat lange den Blick dafür verstellt, dass die Familienangehörigen die wichtigsten Helfer und Unterstützer der Psychosekranken sind. Das gilt wie man mittlerweile weiß, in materieller Hinsicht. Das gilt aber auch für die sozioemotionale Seite. Und seit zwei Jahrzehnten weiß man, dass die Beziehungen zwischen Angehörigen und Kranken von großer Bedeutung für den weiteren Krankheitsverlauf sein können. Sie können sich günstig auswirken, aber, unter bestimmten Voraussetzungen, auch ungünstig. Daraus erwächst ein hohes Maß an Verantwortung, bei deren Wahrnehmung die Familie jeder erdenklichen Unterstützung bedarf.

Worin immer man den Ursprung der Schizophrenie sieht, die Familie ist für die Ausgestaltung und den Verlauf schizophrener Psychosen von zentraler Bedeutung. Je nachdem, welche Vorstellungen man vom Ursprung der Schizophrenie hat, stellt man unterschiedliche Fragen. Diejenigen, die in der Schizophrenie eine »normale Folge ungünstiger Familienverhältnisse« sehen, haben ein Interesse an der möglichst vollständigen Aufklärung der Vergangenheit der Kranken. Da sie die Familie als wesentlichen ursächlichen Faktor betrachten, besteht eine gewisse Wahrscheinlichkeit, dass sie in jeder betroffenen Familie tatsächlich auch Störungen aufdecken. Diejenigen, die die Krankheitsursache in *einer individuellen Disposition* der Kranken suchen, betrachten die Familie mit anderen Augen. Ihre Aufmerksamkeit richtet sich nicht so sehr auf Störungen der elterlichen Beziehungen wie auf Ereignisse, die in zeitlichem Zusammenhang mit dem Ausbruch der Erkrankung stehen, etwa auf Familienkrisen als mögliche Auslösefaktoren oder auf die Auswirkungen der Erkrankung durch das Verhalten der Eltern.

Bei dieser Betrachtungsweise ist die Zukunft der Kranken ebenso bedeutsam wie ihre Vergangenheit. Ob die Familiensituation zur Auslösung der Psychose beigetragen hat (nicht zu ihrer Verursachung), kann für die künftige Entwicklung der Kranken von großer Bedeutung sein. Unter diesem Aspekt sind nicht nur die Eltern-Kind-Beziehungen wichtig, sondern auch das partnerschaftliche Zusammenleben mit Menschen mit schizophrenen Psychosen. Da die meisten Familienuntersuchungen sich mit Fragen der Verursachung schizophrener Psychosen befasst haben, haben sie sich auf die frühen Eltern-Kind-Beziehungen und dem Erziehungs- und Kommunikationsziel in den Herkunftsfamilien konzentriert und das Familienmilieu verheirateter Kranker weitgehend ignoriert.

Irrwege der Familienforschung

Der englische Medizinsoziologe George Brown, der diese Überlegungen 1967 in einer Übersichtsarbeit über die Familie schizophrener Kranker vorträgt, äußert sich bereits damals skeptisch zu den Ergebnissen der schizophrenen Familienforschung. Er beruft sich auf seinen Kollegen A. Inkeles, der feststellt, »dass Sozialwissenschaftler in einem beängstigenden Ausmaß dazu neigen, unbewiesene Behauptungen direkt von ihren Modellen abzuleiten statt Tatsachen durch mehr oder weniger unabhängige Beobachtungen zu belegen«. Bei den Untersuchern bestehe ein bemerkenswertes Widerstreben, ernsthafte Alternativerklärungen in Betracht zu ziehen, insbesondere die Möglichkeit, dass ein Teil der elterlichen Verhaltensweisen als Reaktion auf die veränderte Persönlichkeit des Kindes zu verstehen ist.

In seiner Bewertung unterstreicht Brown seine Auffassung, dass es möglich ist, deskriptive Studien völlig unabhängig von den ätiologischen Vorstellungen ihrer Autoren zu interpretieren. Er hält den frühen Familienforschern einen erstaunlichen Widerwillen vor, Alternativhypothesen zu formulieren und zu untersuchen. Das sei beispielsweise möglich, wenn man sich mehr auf den Verlauf als auf die Frage nach den Ursachen der Störung konzentriert.

»Schizophrene Verläufe sind gewöhnlich durch eine Fluktuation, eine wechselnde Ausprägung der klinischen Symptomatik gekennzeichnet. Während einige Patienten nach ihrem ersten Schub offensichtlich nahezu frei von Symptomen bleiben, kommt es bei anderen zu häufigen Rückfällen mit florider Symptomatik. Wiederum andere weisen chronische Symptome auf, die bei aller Dauerhaftigkeit oft allerdings auch deutliche Schwankungen in ihrem Schweregrad zeigen. In Anbetracht des Wandels, der sich in der Betreuung der Schizophreniekranken angebahnt hat, gewinnt die Frage an Bedeutung, ob das Familienmilieu einen Einfluss auf den Verlauf der Störung haben kann.«

Diese Frage ist im Übrigen leicht zu erforschen, weil nicht eine weit zurückliegende Vergangenheit der Familie zum Forschungsgegenstand wird, sondern das gegenwärtige Verhalten. Dabei ist zu beachten, dass wir es mit komplexen sozialen Prozessen zu tun haben, die sich wechselseitig beeinflussen.

»So könnte eine Mutter als Reaktion auf die sich verändernde Persönlichkeit ihres Kindes zunehmend ›overprotective‹ (überfürsorglich) werden, ohne dass dieses Verhalten ursächlich an der Störung beteiligt sein müsste. Gleichzeitig kann dieses mütterliche Verhalten, falls es zu Spannungen zwischen Mutter und Kranken führt, einen echten Einfluss auf den Verlauf der Störung haben. Mit anderen Worten: in einem bestimmten Stadium mag das übertrieben fürsorgliche Verhalten lediglich eine Reaktion auf die sich entwickelnde Psychose darstellen. Es kann jedoch später für einen Rückfall verantwortlich sein.«

Die Entdeckung der »Expressed-Emotions«

Brown hat auf diesem Gebiet Pionierarbeit geleistet. Bereits 1962 hat er in einer Studie über den Einfluss des Familienlebens auf den Verlauf schizophrener Erkrankungen gezeigt, dass die emotionale Tönung des Familienmilieus von entscheidender Bedeutung für die künftige Entwicklung Schizophreniekranker nach der Klinikentlassung ist. Er hat das am Beispiel der Rückfallquote Schizophreniekranker nach der Entlassung aus der Klinik in unterschiedlichen Familiensituationen belegt. Erfolgt die Entlassung in ein emotional gespanntes Milieu, ist die Rückfallgefahr unabhängig vom jeweiligen Gesundheitszustand ungleich höher, als wenn die Entlassung in ein emotional gelöstes Milieu erfolgt.

Diese frühen Befunde haben eine neue Ära der Familienforschung eingeleitet, die »Expressed-Emotions-Forschung«. Die frühen Forschungen auf diesem Gebiet sind mit den Namen Julian Leff, Christine Vaughn und John Wing verbunden. Der Schlüsselbegriff ist der des »Emotional Involvement«, üblicherweise übersetzt »emotionales Engagement«, welches hoch oder niedrig sein kann. Die zentrale Hypothese, die später durch die Untersuchungsergebnisse bestätigt werden konnte, bestand in der Annahme, dass emotionale Anspannung und emotionale Gelassenheit im Zusammenleben mit den Angehörigen den Krankheitsverlauf positiv oder negativ beeinflussen. Um diesem Phänomen auf die Spur zu kommen, wurde mit Hilfe eines standardisierten Interviews eine Skalierung von fünf Gefühls- und Verhaltensqualitäten vorgenommen. Diese waren (Leff 1977):

1. Emotionen, die der wesentliche Angehörige dem Patienten gegenüber zeigte.

2. Feindseligkeit des Angehörigen dem Patienten gegenüber.

3. Dominierendes oder direktives Verhalten des Angehörigen dem Patienten gegenüber.

4. Emotionen, die der Patient dem Angehörigen gegenüber zeigt und

5. Feindseligkeit des Patienten dem Angehörigen gegenüber.

Die Standardisierung der Interviews macht es möglich, Familienmilieus von »starkem emotionalem Engagement« und solchen mit »geringerem emotionalem Engagement« voneinander zu unterscheiden. Vaughn und Leff (1977) berichten über das Milieu mit hohem emotionalem Engagement:

»In einer anderen Gruppe von Angehörigen kamen nur kritische Bemerkungen über Persönlichkeitseigenschaften des Patienten vor, die schon vor der gegenwärtigen Krankheit bestanden hatten. Diese kritischen Bemerkungen bezogen sich auf solche Aspekte der Beziehung zwischen Patienten und Angehörigen, mit denen der Angehörige besonders unzufrieden war. Immer wieder wurden die gleichen Klagen vorgebracht, und zwar über die mangelhafte Kommunikation und über das zu geringe Ausmaß an Zuneigung, Wärme und Interesse, das der Patient zeigte. ›Immer‹ wieder sei der Patient ›selbstsüchtig‹, ›verwöhnt‹, ›forsch und launisch‹ gewesen, und es sei ›immer unmöglich gewesen, zu ihm durchzukommen‹. ›Man konnte mit ihm nie etwas diskutieren, nie herausfinden, was wirklich los war‹. ›Man hätte auch genauso gut zur Wand sprechen können‹. Die Krankheit des Patienten mag den Angehörigen durchaus Kummer bereitet haben, trotzdem richtete sich ihre Kritik nicht auf die Symptome der Krankheit, sondern hauptsächlich auf das Verhalten des Patienten schon vor seiner Erkrankung.«

Neuauflage der Schuldzuweisung?

Bei oberflächlicher Betrachtung könnte man argumentieren, kaum habe man die »schizophrenogene« Mutter durch die Vordertür aus dem Hause geschickt, komme der Schuldvorwurf gegen die Angehörigen in Form der Bewertung des emotionalen Familienmilieus durch die Hintertür wieder ins Haus. Das trifft aber nur scheinbar zu. Bei genauerer Betrachtung wird deutlich, dass es hier nicht um Schuldzuweisung geht, sondern um die Chance, durch Wahrnehmung der Verantwortlichkeit für das eigene Verhalten positiv auf den Verlauf der schizophrenen

Störung eines Angehörigen einzuwirken. Denn das hohe emotionale Engagement (EE) ist kein Naturgesetz. Es ist beeinflussbar oder manipulierbar – oder beides. Eine eindrucksvolle, häufig zitierte Graphik von Julian Leff über die Rückfallrate einer Gruppe von 128 Schizophrenen innerhalb von neun Monaten nach der Krankenhausentlassung unterstreicht das.

Sie zeigt, dass die Rückfallrate Schizophreniekranker mit niedrigem EE-Wert mit oder ohne Dauermedikation von Neuroleptika erstaunlich niedrig ist. Sie zeigt auch, dass die negative Entwicklung eines emotional angespannten, kritischen Familienmilieus zu überwinden ist, der Gesichtskontakt zwischen den Angehörigen und den kranken Familienmitgliedern (in englischem Pragmatismus) unter 35 Stunden Gesichtskontakt pro Woche begrenzt und zusätzlich eine Dauermedikation verabfolgt wird.

Bündnispartner zeitgemäßer Schizophrenietherapie

Die entscheidende Bedeutung dieser Befunde, die in Beiträgen von Leff und Vaughn in Heinz Katschnigs »Andere Seite der Schizophrenie« im Einzelnen nachzulesen sind, liegt nun nicht allein in der Möglichkeit, mit sozialen Interventionsmethoden in den Verlauf der Schizophrenie einzugreifen. Noch wichtiger ist die unausweichliche Schlussfolgerung, dass die Angehörigen wichtige Bündnispartner einer zeitgemäßen Schizophrenietherapie sind. In der Tat haben die Ergebnisse der Expressed-Emotions-Forschung dazu beigetragen, dass die Psychiatrie die Angehörigen entdeckt hat und dass die Angehörigen ihre Ansprüche an die Psychiatrie mit Erfolg geltend gemacht haben. Es ist kein Zufall, dass die rasche Entwicklung der Angehörigenbewegung sich international parallel zur Ausbreitung der Ergebnisse der Expressed-Emotions-Forschung vollzogen hat. Am deutlichsten wird dies am österreichischen Beispiel, wo Heinz Katschnig beide Entwicklungen bewusst vorangetrieben hat. In expertenzentrierten Angehörigengruppen hat er versucht, Kenntnisse zu vermitteln und Einstellungen zu ändern und die Mitglieder seiner Gruppe zu motivieren, ihr Schicksal in Selbsthilfe- und Selbstorganisation in die eigene Hand zu nehmen.

Noch etwas anderes fällt auf. Seit Beginn der Expressed-Emotions-Forschung ist verstärkt von Angehörigen die Rede

Abb. 3: Psychopharmaka, emotionale Atmosphäre und Rückfallrisiko

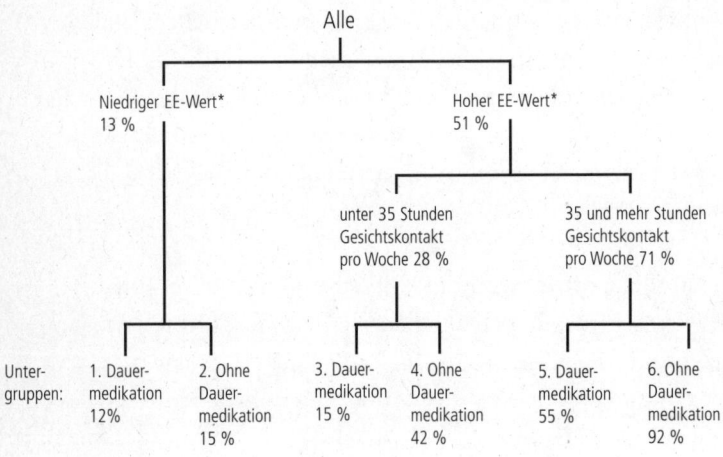

* Rückfallrate (Prozent) einer Gruppe von 125 schizophrenen Patienten innerhalb von neun Monaten nach der Entlassung; niedrige EE-Werte: n=69, hoher Wert: n=56 (EE-emotional envolvment). Leff 1977

und nicht mehr ausschließlich von der Familie Schizophreniekranker. Die einzelnen Angehörigen werden als autonome Personen wahrgenommen und respektiert. Sie sind nicht mehr nur Mitglieder eines gestörten Systems wie in der frühen Familienforschung. Damit setzt sich die Angehörigenarbeit bewusst von der Familientherapie ab, insbesondere von deren systemischer Verzweigung. Seit den siebziger Jahren sind nicht nur Hunderte

144

von Untersuchungen zu der neuen Sichtweise der Beziehung zwischen gesunden und kranken Angehörigen erschienen. In ihrem Gefolge ist auch eine Vielzahl von Interventionsstrategien entwickelt worden, in deren Mittelpunkt die soziale und emotionale Befähigung der Kranken und ihren Angehörigen steht, der Herausforderung der Kranken wirksam zu begegnen.

Jener Schizophreniekranke, der mir vor kurzem berichtete, er schlage vor, EE für »Expressed-Emotions« durch II für »Intensive Interaktion« zu ersetzen, hat somit nach dem neuesten Stand der Forschung nicht ganz Unrecht. Das Konzept der Expressed-Emotions unterscheidet gleichsam zwischen guten und bösen Gefühlen, zwischen nützlichen und schädlichen. Schädlich sind beispielsweise destruktiv kritische Bemerkungen vonseiten von Angehörigen. Schädlich ist eine gespannte Familienatmosphäre. Nützlich und damit gut ist gelebte Toleranz. Nützlich ist Gelassenheit.

Spricht man von intensiver Interaktion, fehlt eine solche Bewertung. Nach dieser Vorstellung ist es die Intensität der Interaktion selbst, die die mögliche emotionale Belastung für den Kranken ausmacht; und dies ist dosierbar durch zeitweiligen Rückzug und durch die Begrenzung des unmittelbaren persönlichen Kontaktes. Tatsächlich ist dies ja auch der Weg, den die pragmatischen englischen Pioniere der Expressed-Emotions dann vorgeschlagen haben, wenn sie mit einem hohen emotionalen Engagement, mit gespanntem Familienmilieu konfrontiert waren: Verminderung des persönlichen Kontaktes auf weniger als 35 Stunden in der Woche war ihr Vorschlag, Besuch einer Tagesklinik oder einer Tagesstätte, damit Angehörige und Kranke nicht zu dicht aufeinander hockten.

Mit-Verantwortlichkeit als Chance

Die Vorstellung, das Konzept der Expressed-Emotions sei eine versteckte Wiederauflage der Schuldzuweisung an die Familie beruht auf einem Missverständnis. Zwischen Mitverantwortung für den Verlauf und Schuld an der Entstehung besteht ein grundlegender Unterschied. Schuld ist etwas, das sich auf die Vergangenheit bezieht. Verantwortlichkeit und Mitverantwortung weisen in die Zukunft. Schuld ist Geschehen. Sie ist allenfalls zu verarbeiten oder wieder gut zu machen. Verantwortung kann wahrgenommen werden. Sie enthält Gestaltungschancen.

Damit will ich Folgendes sagen: Die gesunden Angehörigen eines Schizophreniekranken haben, weil sie gesund sind, einen größeren Freiheitsspielraum in der Gestaltung ihrer Beziehungen zu ihrem kranken Familienmitglied als umgekehrt die Kranken in ihren Beziehungen zum Rest seiner Familie. Wenn es nun so ist, dass eine bestimmte Form des Verhaltens rückfallfördernd ist, eine andere aber rückfallverhütend, so sind alle Beteiligten aufgerufen, die rückfallverhütende Form zu pflegen und zu leben. Das gilt natürlich auch für die Kranken. Wegen der Krankheitsmerkmale müssen wir aber davon ausgehen, dass sie dazu zumindest zeitweise nicht in der Lage sind.

Umfassende Aufklärung und Information – heute nennt man das Psychoedukation oder besser Psychoinformation – sollen die Kranken wie ihre Angehörigen dabei unterstützen, die schonendste Form des Umgangs miteinander zu erkunden und zu bearbeiten. Für die Kranken geht es dabei vor allem um die Auslotung ihrer eigenen Verletzlichkeit, für die Angehörigen um Wege, aus der lähmenden Hilflosigkeit angesichts des Leidens ihres schizophreniekranken Familienmitgliedes herauszufinden. Zur Psychoinformation gehört heute selbstverständlich auch die Aufklärung über die Folgen der Stigmatisierung und die Hilfe bei deren Bewältigung.

10

Angehörigenselbsthilfe

Die Ursache der Psychosen aus dem schizophrenen Formenkreis ist nach wie vor ungeklärt. Sicher ist, dass zahlreiche Faktoren zusammenkommen müssen, damit eine Psychose sich manifestiert: Eine genetische Disposition, eine erhöhte körperliche und psychische Verletzlichkeit – Vulnerabilität –, individuelle Belastungen und Stressfaktoren in der eigenen Biografie, ohne dass man vorhersagen kann, welcher Art diese sind. Individuelles Verschulden der Kranken oder anderer gehört nicht dazu. Viel wichtiger als danach zu suchen ist es, den Blick nach vorn zu richten. Denn der Verlauf der Krankheit ist durch eigenes Verhalten – der Kranken wie der Angehörigen – zu beeinflussen, günstig oder ungünstig.

Es begann mit einem Leserbrief in der Londoner Times. Im Mai 1970 schrieb sich John Pringle, Vater eines schizophreniekranken Sohnes, die Probleme und das Leid von der Seele, das seine Familie und er während der zehn Jahre seit der Erkrankung ihres ältesten Kindes erlitten hatten. Sein Beitrag löste eine lebhafte Leserbriefdiskussion aus, in der andere Eltern ihre Erfahrungen und ihr Leid mitteilten: Die Konfrontation mit einer Krankheit, die ihnen fremd war; die mangelhafte Aufklärung und die Zurückweisung durch die Ärzte, die schlechte Kommunikation mit der Klinik, die vergeblichen Versuche, im undurchschaubaren Gewirr sozialer Institutionen Hilfe zu erlangen.

Sie berichteten aber auch von ihren Ängsten, von der Kränkung, dass gerade ihnen dies geschehen war und vom Stigma, jemandem im Hause zu haben, der weder arbeiten noch am normalen Alltagsleben teilnehmen konnte. Und sie berichteten über die quälenden Auseinandersetzungen zwischen den Eltern um die geeignete Behandlung ihrer Kinder; schließlich über die Auswirkungen der Krankheit auf die Geschwister, die nicht selten selbst völlig aus der Bahn geworfen wurden. Es zeigte sich, dass das Bedürfnis, die Krankheit vor Nachbarn und Freunden, ja selbst vor entfernteren Verwandten zu verheimlichen stärker war als die Hoffnung auf Unterstützung durch jene, die Hilfe hätten vermitteln können.

Die subjektiv erlebte »Schande« der Erkrankung trug dazu bei, dass die Bürde der Familie durch die Versorgung chronisch schizophrener Angehöriger in der Öffentlichkeit über lange Zeit verborgen blieb. Die Veröffentlichung des Beitrages von John Pringle in der Times bewirkte eine schlagartige Veränderung. Die lebhafte Reaktion darauf führte innerhalb kurzer Zeit zur Gründung einer Selbsthilfeorganisation der Angehörigen Schizophreniekranker, der National Schizophrenia Fellowship (NSF).

Die National Schizophrenia Fellowship

Die Vereinigung machte sich nicht nur zur Aufgabe, Hilfe zur Selbsthilfe zu leisten. Sie hatte von Anfang an zugleich das Ziel, die wahre Situation der Familien mit Schizophreniekranken und ihre Probleme zu erkunden und öffentlich zu machen. Sie regte Forschungsprojekte an, die von Prof. John Wing vom Londoner Institut für Psychiatrie – selbst Vater einer psychisch behinderten Tochter – aufgegriffen und von Mitarbeiterinnen und Mitarbeitern seines Instituts durchgeführt wurden. Deren wesentliche Ergebnisse sind in dem 1977 (3. Aufl. 1989) von Heinz Katschnig in deutscher Sprache herausgegebenen Buch »Die andere Seite der Schizophrenie – Schizophrene zu Hause« nachzulesen. Sie führten seither zu einer Neuorientierung der Familienforschung und zu einer neuen Bewertung der Beziehungen zwischen Schizophreniekranken und ihren Familien.

Ich hatte 1980, zehn Jahre nach John Pringles historischem

Leserbrief Gelegenheit, an der Jahresversammlung der National Schizophrenia Fellowship teilzunehmen. Damals beeindruckten mich vor allem zwei Dinge, die mir vorher nicht in dem Maß bewusst waren:

Die Mitglieder der Vereinigung, denen ich dort begegnete, waren überwiegend ältere Menschen – die jüngsten über 50, die ältesten Greisinnen und Greise. Das versteht sich an sich fast von selbst. Schizophrene Erkrankungen beginnen frühestens in der Pubertät, meist in den ersten zehn Jahren danach. Bis sich die mitbetroffenen Eltern mit der Krankheit konfrontiert und mit dem chronisch rezidivierenden Verlauf bei ihrem Kind abgefunden und den Weg in die Selbsthilfevereinigung gefunden haben, vergehen oft weitere lange Jahre. Aus dem Lebensalter ihrer Mitglieder folgt dann auch eine ihrer Hauptsorgen: Was wird aus unserem kranken erwachsenen Sohn, was wird aus unserer Tochter, wenn wir selbst gebrechlich werden, wenn wir nicht mehr am Leben sind? Daraus resultiert dann auch ein Hauptanliegen der Vereinigung, ein vitales Interesse an beschützenden Lebensmöglichkeiten außerhalb der psychiatrischen Kliniken, die die Würde ihrer psychisch behinderten Kinder gewährleisten. Mir fiel auf, und das scheint ein allgemeines Merkmal solcher Angehörigenvereinigungen zu sein, wie wenige Partner und wie wenige Kinder in der Vereinigung vertreten waren. Die National Schizophrenia Fellowship war zumindest damals im wesentlichen eine Elternvereinigung.

Die Angehörigen hatten eine völlig andere Einstellung zur psychiatrischen Klinikbehandlung als die professionellen Therapeuten in jener Zeit und natürlich als die Psychiatriekritiker jener Jahre. Die Therapeuten waren auf Frühentlassung geeicht. Sie versuchten mit aller Macht, Wiederaufnahmen von entlassenen Kranken zu verhindern. Sie verlangten von den Kranken möglichst große Selbstständigkeit und von den Angehörigen möglichst große Unterstützung nach der Entlassung. Die Angehörigen machten geltend, die Klinikentlassung erfolge oft zu rasch (und zu unvorbereitet), die Wiederaufnahme bei einer Verschlimmerung des Gesundheitszustandes oft zu zögerlich und nicht selten zu spät. Die Konfrontation mit den Angehörigen ließ erkennen, dass die Therapeuten ihnen manchmal Erleiden und Belastungen aufbürden, denen sie nicht gewachsen sind. Die Auseinandersetzung mit ihnen macht weiterhin deutlich, dass die Therapeuten über jene andere Seite der Schizophrenie – die der Patienten zu Hause und jene der Angehörigen, die mit ihnen leben – sehr wenig wissen.

Das Zusammenleben verändert alle Beteiligten

Mir wurde damals deutlich, dass ein Spannungsfeld zwischen Psychiatrie-Professionellen und Angehörigen besteht, das fruchtbar genutzt werden kann, wenn alle Betroffenen – die Kranken, die Angehörigen und die Therapeuten dies wahrnehmen und sich der Auseinandersetzung stellen. Ich habe damals in der Frankfurter Allgemeinen Zeitung über meine Begegnung mit der National Schizophrenia Fellowship berichtet. Die Redaktion wählte damals mit feinem Gespür die Titelzeile aus: »Das Zusammenleben verändert alle Beteiligten«. Die Leserbriefe, die ich damals erhielt, vermittelten mir den Eindruck, dass auch bei uns ein Bedürfnis nach einem Zusammenschluss bestand. Aber es fehlte damals noch an Kristallisationsmöglichkeiten und an Personen, die bereit und in der Lage waren, diese Bedürfnisse in ähnlicher Weise zu kanalisieren wie John Pringle im Jahre 1970.

Auf örtlicher Ebene bestanden allerdings auch damals schon eine Reihe von Selbsthilfegruppen, etwa in Bremen oder in Baden-Württemberg, wo Elisabeth Harmsen, eine engagierte Sozialarbeiterin des Diakonischen Werkes, schon in den späten Sechzigerjahren expertengeleitete Angehörigengruppen initiiert hatte. Im Juni 1982 versuchte die Akademie für Sozialmedizin Hannover unter Leitung von Matthias Angermeyer im Rahmen einer Tagung den damaligen Stand der Selbsthilfeinitiative von Angehörigen psychisch Kranker im deutschsprachigen und im internationalen Raum darzustellen. Im Vorwort zu dem Buch, das daraus hervorging (Die Angehörigengruppe, M.C. Angermeyer und A. Finzen (Hg.), 1984), geben wir uns optimistisch: »Die Rücksinnung auf die Selbsthilfe scheint zur sozialpolitischen Entdeckung dieses Jahrzehnts zu werden. Die Entdeckung der Angehörigen ist anscheinend von ähnlicher Bedeutung für die Psychiatrie der 80er Jahre. Angehörigenselbsthilfe und Angehörigengruppen vermitteln heute schon merkbare neue Impulse für eine wirksamere Behandlung vor allem der Psychosen aus dem schizophrenen Formenkreis. Sie tragen dazu bei, das Leiden der Betroffenen – der Patienten und ihren Familien – zu mildern und helfen ihnen, in erträglicher Weise mit den Auswirkungen der Krankheit zu leben. Zugleich leisten sie einen Beitrag, die Familie vom Stigma der persönlichen Schuld an der Krankheit zu befreien.«

Zum Zeitpunkt der Tagung zeigte sich aber auch, dass die Zeit für den Zusammenschluss der lokalen Angehörigengruppen zu einer Dachorganisation noch nicht reif war. Einzelne der in Hannover vertretenen Angehörigen machten recht deutlich, dass ihnen damals die Kraft und zum Teil auch der Mut fehlte, sich als Angehörigenvertreter mit einer größeren Öffentlichkeit zu konfrontieren. Dazu bedurfte es weiterer Anstöße. Einer der wichtigsten war ein Buch aus dem Psychiatrie-Verlag, der von Klaus Dörner, Albrecht Egetmeyer und Konstanze Könning herausgegebene »Freispruch der Familie« (1982).

Freispruch der Familie

In den darauf folgenden Jahren entstehen vielerorts Angehörigengruppen und Angehörigenselbsthilfegruppen. Bei der Drucklegung der Neuausgabe des »Freispruchs der Familie« im Jahre 1987 sind 150 solcher Gruppen bekannt, zwei Jahre vorher, im Juni 1985 war der Bundesverband der Angehörigen psychisch Kranker im Rahmen des Dachverbandes psychosozialer Hilfsvereinigungen in Bonn gegründet worden. Seither ist es nicht übertrieben, von einer Angehörigenbewegung zu sprechen. Der »Freispruch der Familie« »war ein Meilenstein auf diesem Weg. Ein parteiisches und provozierendes Buch setzte Zeichen, hinterließ Wirkung,« schreibt Heinz Deger-Erlenmaier vom Vorstand des Bundesverbandes im Geleitwort zur Neuausgabe von 1987, in dem er auch zur Angehörigenbewegung Stellung nimmt.

»Angehörige und Familien psychisch Kranker, die bis vor einigen Jahren, obwohl existenziell betroffen, hinter den Mauern ihrer Sprachlosigkeit als verschollen galten, oder als ›Ungehörige‹ von den psychiatrisch Tätigen dorthin verbannt wurden, melden sich zu Wort. Sie fordern Mitsprache und bringen ihre in langen Jahren erworbene Kompetenz im Umgang mit dem psychiatrischen Versorgungssystem in den Meinungsprozess ein. Eine bisher unbekannte Größe gewinnt Kontur, ein unberechenbarer Faktor belebt die Psychiatrieszene, und diese hat davon Kenntnis genommen.«

Warum nun ist der Zusammenschluss der Angehörigen Schizophreniekranker so wichtig? Warum ist er von so großer Bedeutung für die Kranken, die Therapeuten und die Psychiatrie und die Angehörigen selbst? Die Antwort ergibt sich fast von selbst, wenn wir einen Blick über den Zaun werfen. Selbsthilfegruppen von Kranken und ihren mitbetroffenen Angehörigen sind in vielen Bereichen in der Medizin längst eine Selbstverständlichkeit:

»Diabetiker, Rheumatiker, Herz-, Hochdruck- und Nierenkranke haben sich zusammengeschlossen, um einander bei der Bewältigung ihrer Leiden zu helfen und um ihre Interessen besser zu vertreten. Die Elternvereinigung geistig behinderter und autistischer Kinder haben im Grenzbereich der Psychiatrie eindrucksvolle Beispiele dafür geliefert, was Selbsthilfe für die Betroffenen erreichen kann. Vor allem die vielfältigen und teilstationären Hilfen von der Tagesför-

derstätte bis zu beschützenden Werkstätte sind ohne die Mitwirkung dieser Verbände nicht denkbar. Die Lebenshilfe für geistig Behinderte ist zu einem mächtigen Interessenverband geworden. Hier ist es gelungen, durch Selbsthilfe und politische Einflussnahme viel von der früheren Trostlosigkeit des Behindertendaseins abzubauen.«
Ähnlich verhält es sich mit den Eltern und Angehörigenvereinigungen Drogenabhängiger und anderer Suchtkranker. Die Anonymen Alkoholiker schließlich sind bekanntermaßen die Selbsthilfegruppe der ersten Stunde.

Hinter der wachsenden Bedeutung der Selbsthilfe und der Selbsthilfevereinigungen steht ein gewandeltes Verständnis von der Medizin. Ärztliche Behandlung ist nach unserer heutigen Vorstellung keine passive Angelegenheit, die der Kranke nur über sich ergehen lassen muss. Aussichtsreiche Therapie ist immer auch Hilfe zur Selbsthilfe bei allen oben aufgezählten chronisch rezidivierenden Erkrankungen, aber auch bei den großen Eingriffen der Transplantationsmedizin sind die Einstellung des Kranken selbst und seine Bereitschaft zur Mitarbeit von der Überwindung und Kontrolle der Erkrankung von größter Bedeutung für das Gelingen des Unternehmens. Für diese Mitarbeit müssen die Kranken gewonnen werden. Damit sie gewonnen werden können, benötigen sie Informationen, müssen sie wissen, wie ihre Interessenlage ist, müssen sie letzten Endes auch über die Chancen und die Unzulänglichkeiten des Behandlungs- und Versorgungssystems informiert sein. Darüber hinaus müssen sie im Stande sein, ihren Interessen gegenüber der Medizin und der Öffentlichkeit Achtung zu verleihen. Das gilt in besonderem Maße, wenn sie im Gegensatz oder auch im Spannungsverhältnis zu diesen stehen. Dazu bedarf es der Selbsthilfevereinigung als Interessenverband.

Aber das ist nicht alles. Auf dem Wege über die Selbsthilfe können Angehörige sich selbst helfen, können sie voneinander lernen. Sie können von den Erfahrungen der Schicksalsgenossinnen und -genossen profitieren und sie können schließlich der professionellen Psychiatrie Erkenntnisse über die »andere Seite der Schizophrenie« vermitteln, über die dieser nicht verfügt.

Mit der Krankheit leben

In einer 1980 erschienenen kritischen Analyse neuerer Strömungen der Soziapsychiatrie betont der weltbekannte Londoner Psychiater John Wing die große Bedeutung der Selbsthilfe von Schizophrenen und ihren Angehörigen für die künftige psychiatrische Vermittlung lebenspraktischer Hilfen.

Erscheinungsformen und Verlauf der Erkrankung aus dem schizophrenen Formenkreis sind vielfältig. Dennoch lassen sich regelhafte Verhaltensmuster bei ihrer Bewältigung durch den Kranken und seiner Angehörigen feststellen. In der Anfangsphase fällt es allen Beteiligten schwer zu begreifen, dass sie es mit einem ernsten von Chronifizierung bedrohtem Leiden zu tun haben und nicht mit einer »normalen« Störung des Familienzusammenhangs oder einem mutwilligen sozialen Fehlverhalten. Solche Fehleinschätzung ist besonders häufig, wenn die Erkrankung zum ersten Mal in der Spätpubertät auftritt, wo Ablösungskonflikte zwischen Kindern und Eltern ohnehin an der Tagesordnung sind. Der Versuch, das krankhafte gestörte Verhalten in normalen Kategorien zu erklären und zu bewältigen, ist zum Scheitern verurteilt. Es führt zu heftigen, emotional aufgeladenen Auseinandersetzungen in der Familie. Es endet nicht selten mit dem Ausschluss des später als schizophren diagnostizierten Familienmitgliedes. Oft folgt auf das Scheitern der normalen Bewältigungsversuche die Diagnose und die psychiatrische Behandlung.

Wenn die unterbrochenen Kontakte danach wieder aufgenommen werden, entwickeln der Kranke und seine Angehörigen allmählich größeres Verständnis füreinander. Voraussetzung dafür ist jedoch ein langwieriger Lernprozess, der durch emotionale

Überfrachtung und der Suche nach den Ursachen oder der Schuld gekennzeichnet ist. Tritt keine völlige Gesundung auf, ist die Entwicklung von Toleranz und Verständnis für den Behinderten von lebensentscheidender Bedeutung. Für die Angehörigen bedeutet sie allerdings nicht selten die Einschränkung des eigenen Entfaltungsspielsraums. Das Zusammenleben verändert alle Beteiligten. Typisches Beispiel ist die ältere, verwitwete Mutter, die in überfürsorglicher Weise für ihren erwachsenen behinderten Sohn lebt. Diese Beziehung ist sicher eine unvollkommene Form der Problembewältigung. Sie führt dazu, dass das von Schizophrenie betroffene »Kind« mehr an Selbstständigkeit aufgibt als die Behinderung das verlangt. Diese Verhaltensweise der Mutter hat zur Prägung des Begriffes »schizophrenogen« beigetragen. Die Fachwelt streitet heute noch darüber, was zuerst da war, die Störung der Mutter oder die des Kindes.

Viele Menschen, die von schizophrenen Symptomen betroffen sind, isolieren sich vollkommen. Sie können die langwierigen, verzweifelten und emotional angeheizten Auseinandersetzungen nicht aushalten, die das schizophrene Familienmilieu kennzeichnen. Nicht wenige Schizophrene driften so in ein Leben ohne Halt, ohne Wohnsitz, ohne Arbeit, ab. Sie suchen Zuflucht in Dauerwohnheimen und Obdachlosenasylen oder – immer noch – in den Langzeitbereichen psychiatrischer Krankenhäuser.

Viel Not könnte gemildert oder ganz vermieden werden, wenn die Betroffenen rechtzeitig fachkundig beraten würden. Untersuchungen haben gezeigt, dass viele Angehörige im Lauf der Zeit lernen, mit den krankheitsbedingten zwischenmenschlichen Problemen fertig zu werden und den Kranken zu unterstützen. Aber bis heute lernen sie es durch Versuch und Irrtum und den Preis ungemessenen Leids. Wing fasst zusammen:

»Einige lernen es, mit dem Kranken nicht über seinen Wahn und seine Halluzinationen zu diskutieren. Andere lernen es nie. Einige lernen es, den antriebsverminderten, sozial zurückgezogenen Behinderten zu aktivieren, ohne ihn zu quälen. Andere drängen den Kranken durch unablässige Antreiberei aus der Familie. Andere verkraften das Gefühl nicht, für ihre Bemühungen Undank zu ernten oder die Dinge nur noch schlimmer zu machen und ziehen sich selbst in Passivität zurück.«

Das wechselnde Befinden des von schizophrenen Symptomen geplagten Behinderten scheint für die Angehörigen eines der größten Probleme darzustellen. Die Eltern geistig Behinderter wissen, wo sie stehen. Sie wissen, welche Entscheidungen sie ihnen abnehmen müssen und was sie selbstständig bewältigen können. Die psychotisch Kranken dagegen mögen in der akuten Phase völlig unfähig sein, für sich selbst zu entscheiden, in der Erholungsphase können sie wieder vollkommen selbstständig werden. Nicht selten sind sie dann nicht bereit oder in der Lage, zu akzeptieren, dass ihre Angehörigen zwischenzeitlich für sie handeln mussten. Hilflosigkeit ist das Ergebnis.

Angehörige als Experten

Angehörige klagen über die Unfähigkeit der Experten, ihre elementaren Schwierigkeiten zu begreifen. Wenn sie die Therapeuten um Rat fragen, müssen sie damit rechnen, dass sie keine nützliche Antwort erhalten oder die Frage statt einer Antwort an sie zurückgespielt wird. Ihre eigenen amateurhaften Bemühungen werden dabei mit höflicher Verachtung zur Kenntnis genommen oder schlimmer, als Beweis ihrer eigenen Unnormalität interpretiert.

Angehörigenvereinigungen können hier Abhilfe schaffen, indem sie Selbsterfahrungs-, Selbsthilfe- und Diskussionsgruppen einrichten. Dort werden Probleme erörtert und durcherlebt, die die Fähigkeit der Teilnehmer stärkt, mit der schizophrenen Psychose zu leben. Die Erfahrungen mit solchen Gruppen zeigen, dass auch scheinbar unerträgliche und unlösbare Schwierigkeiten und Konflikte aufgearbeitet werden können, die andere Gruppenmitglieder bereits erlebt haben. Solche Gruppen machen deutlich, dass die Patienten selbst viel zu ihrem Nutzen – oder zu ihrem Schaden – tun können. Sie können außer in der ganz akuten Phase lernen, mit ihrer großen sozialen Verwundbarkeit, ihren besonderen Bedürfnissen nach menschlicher Zuwendung bei gleichzeitiger Wahrung des Abstands und vielen anderen Problemen zu leben.

Wenn die Psychose nicht spontan abklingt, scheint die Bereitschaft der Betroffenen zur Mitarbeit der einzige Weg zu sein, in erträglicher Weise mit ihrer Familie zu leben. Manche Betroffene lernen erst nach langem Leiden, was ihnen hilft und was ihnen schadet, welche Lebenssituationen sie suchen und welche sie meiden müssen. Aber der Weg dorthin steht bei entsprechender Hilfe für alle offen. Die Angehörigen können viel dazu beitragen, dass es dazu kommt. Sie sammeln im Laufe der Erkrankung ihres Familienmitgliedes umfassende Erfahrungen über das Leben mit einem schizophreniekranken Menschen. Sie werden auf diese Weise gleichsam zu Experten für jene »andere Seite der Schizophrenie«, die den beruflich mit Psychiatrie befassten allzu oft verborgen bleibt.

Angehörige können und sollen ihr Expertenwissen auch als Interessenvertretung für die psychisch Kranken einsetzen. Sie bringen eine neue Perspektive in die gesundheitspolitische Auseinandersetzung um die weitere Entwicklung der psychiatrischen Versorgung. Sie können und sollen auf Defizite aufmerksam machen, die den Profis unter den Experten oft verborgen bleiben, auf das Leid, das Kranke und Angehörige jenseits der Psychiatrie in der Gemeinschaft der Gesunden erfahren, auf das Unrecht, das ihnen immer noch und immer wieder widerfährt, und das die Öffentlichkeit allzu oft nicht zur Kenntnis nehmen will.

11

Das Leid der Kinder

Das Leid der Kinder Psychosekranker ist nach wie vor ein wei-
ßer Fleck auf der Landkarte der Psychiatrie. Die Wissenschaft
hat sich vorrangig für ihr Risiko interessiert, selbst zu erkranken, nicht für ihre Alltagsprobleme. Wenn man diese betrachtet, wird rasch sichtbar, dass die Ängste der Eltern, die Krankheit könnte öffentlich werden, wesentlich zum Leid der Kinder
beiträgt, die regelmäßig ein Schweigegebot auferlegt erhalten,
auch gegenüber ihren engsten Freunden.

Wenn von Angehörigen psychisch Kranker die Rede ist, denken wir meist an Eltern, gelegentlich an Partner und Geschwister, selten an Kinder. Aber psychisch Kranke haben Kinder; und
diese Kinder sind, insbesondere bei chronisch rezidivierendem
Krankheitsverlauf, von der psychischen Erkrankung ihrer Mutter oder ihres Vaters in einschneidender Weise mitbetroffen.
Während es den Eltern und Partnern mittlerweile gelungen ist,
sich Gehör zu verschaffen, ist es um die Kinder und ihr Schicksal still geblieben.

Es entsteht der Eindruck, dass man in den Kliniken und während der ambulanten Betreuung die Augen vor diesem wichtigen Problem verschließt, dass die Therapeutinnen und Therapeuten einen ängstlichen, von Hilflosigkeit bestimmten Bogen
um die Sorgen und Nöte der mitbetroffenen Kinder machen, die
ja nicht ihre Patienten sind. Auch in Angehörigenvereinigungen
und Selbsthilfegruppen sind heranwachsende und erwachsene
Kinder psychisch Kranker nur selten anzutreffen, noch jüngere
überhaupt nicht.

Auch wissenschaftliche Literatur zu den Problemen, den Sorgen und der Lebenssituation der Kinder psychisch kranker Mütter und Väter war bis vor wenigen Jahren kaum vorhanden. Die wenigen auffindbaren Beiträge entpuppen sich meist als Untersuchungen zur Genetik und zur Psychodynamik der Eltern-Kind-Beziehung unter diesen besonderen Voraussetzungen. Die konkrete Betroffenheit der Kinder gerät nur ausnahmsweise ins Blickfeld.

Eine frühe Ausnahme ist Manfred Bleulers Langzeitstudie, »die schizophrenen Geistesstörungen im Lichte langjähriger Kranken- und Familiengeschichten« (1972). Er blickt nicht in erster Linie auf das Risiko der Kinder selbst zu erkranken. Er betont vielmehr, wie viele von ihnen gesund bleiben und unterstreicht damit die Lebenschancen dieser Kinder:

»... Selbst langdauernde Erziehung durch zwei schizophrene Eltern prädestinierte ein Kind nicht dazu, schizophren oder auch abnorm zu werden... Normale Entwicklung kann auch angesichts totaler Vernachlässigung ausgeprägter Vorbilder von Irrationalität, auch angesichts der totalen Verformung der Vorstellungswelt der Eltern stattfinden... Trotz elender Kindheiten, trotz ihrer wahrscheinlich ›befleckten‹ Anlagen, bringt es der größte Teil der Nachkommenschaft schizophrener Eltern fertig, ein normales, produktives Leben zu führen.« (Bleuler nach Antony 1908)[*]

Eine weitere frühe Ausnahme stellt eine »vorwissenschaftliche Schätzung von Klaus Ernst (1978) dar. Er befasst sich in einer heute noch lesenswerten Arbeit mit der Belastung der Kinder hospitalisierungsbedürftiger psychisch Kranker. Er schätzt, dass ein Drittel der Kinder durch die Krankheit der Eltern aufs

---

[*] Dieses Zitat verdanke ich Sollberger (2000), der unser Wissen über das Leid der Kinder mit seiner Studie über Identität und Biografie von Kindern psychosekranker Eltern wesentlich vorangetrieben hat. Das Zitat findet sich in dieser Form nicht in der deutschsprachigen Ausgabe, sondern in der englischen Übersetzung von 1977. In Antonys Arbeit ins Deutsche rückübersetzt (Sollberger 2000).

Schwerste belastet sind, die Hälfte mittelgradig und nur ein Fünftel »unerheblich«.

Eine »durchschnittlich schwere Belastung« (Ernst 1978) liegt in folgendem Beispiel vor: Die 39-jährige Mutter eines siebenjährigen Mädchens macht innerhalb von acht Jahren fünf Krankenhausbehandlungen wegen ihrer schizophrenen Psychose durch. Die Krankenhausaufnahmen verzögern sich regelmäßig wegen des Widerstandes der Mutter. In solchen Zeiten verwahrlost der Haushalt mehrmals schwer. Die psychiatrische Nachbehandlung bricht die Patientin regelmäßig ab, sodass es rasch wieder zu Rückfällen kommt. Unter dem Einfluss verworrener Ideen zündet sie u.a. die Wohnung an, zerschneidet die Kleidung des Ehemannes, uriniert dem Kind in die Spielsachen. Das Kind lebt überwiegend in Angst vor der Mutter, einmal wünscht es, sie möge tot sein. Die zwischenzeitlichen gesunden beziehungsweise symptomfreien Intervalle sind nur kurz. Ernst fasst seine Beobachtungen zusammen:

> »Die mitgeteilten Erfahrungen liefern eine unter zahlreichen Illustrationen für die Verkehrtheit des Klischees, wonach die intolerante Öffentlichkeit ihre unbequemen Mitglieder in die psychiatrische Klinik abschiebe. Gequälte Familien sind keine Öffentlichkeit. Im Gegenteil werden Kinder auch heute noch von der (hiermit übermäßig toleranten) Öffentlichkeit als elterliches Eigentum betrachtet, das die Nachbarn nichts angeht. Schatten auf das weitere Leben werfen. Die Verpflichtung zur Hilfeleistung entsteht nicht erst mit dem Nachweis der Pathogenität eines Leiden.«

Wichtige Impulse für die weitere Auseinandersetzung mit dem Leid der Kinder psychosekranker Eltern vermittelte eine Studie der Sozialarbeiterin Yvonne Hänni und Margrit Wüthrich (1993): »Wie erleben Kinder die psychische Erkrankung eines Elternteils?« Sie zeigten, dass insbesondere bei der psychischen Erkrankung der Mutter die Kinder oft nicht die nötige Sicherheit und Fürsorge erhalten. Das Verhalten des erkrankten Elternteils verändert sich. Das hat zwangsläufig Auswirkungen auf die Entwicklung der Kinder, umso mehr, je schwerer die Erkrankung ist und je länger sie dauert. Wenn Kinder bei der Erkrankung und der Hospitalisation ihrer Eltern allein gelassen werden, entwickeln sie Ängste und Ratlosigkeit. Die Krankheit, unter der sie sich nichts vorstellen können, beschäftigt sie. Wenn ihre Fragen dazu nicht beantwortet werden, entwickeln sie Phantasien, die oft schlimmer sind als die Wirklichkeit.

1998 schließlich erschien ein wichtiges von Fritz Mattejat und Beate Lisofsky herausgegebenes Buch zum Thema.

Schweigen und Schuldgefühl

Wenn professionelle Helfer bei einer Klinikeinweisung eingreifen, besteht die aktuelle Betreuungssituation im Mittelpunkt. Sie wird rasch und krisenhaft gelöst – oft durch Fremdplatzierung. Damit ist der Auftrag der intervenierenden Behörde vorerst erledigt, obwohl die Leidensgeschichte der Kinder zu diesem Zeitpunkt oft erst beginnt und über Jahrzehnte andauern kann. Diese Schlussfolgerungen zogen die Sozialarbeiterinnen Yvonne Hänni und Margrit Wüthrich aus ihrer Untersuchung über das Schicksal und die Entwicklung von Kindern psychisch kranker Mütter. Sie hatten Jugendliche und junge Erwachsene interviewt, die mit schizophrenen und depressiven Müttern aufgewachsen waren:

Fast ausnahmslos hatten sie mit ihrem besonderen Schicksal allein fertig werden müssen. Sie erlebten von klein auf, wie ihre Mütter aufgrund ihrer Erkrankung im Mittelpunkt des Familiengeschehens standen und ihre eigenen Bedürfnisse zurücktreten mussten. Kaum jemand der Befragten hatte als Kind Menschen, mit denen sie über ihre Sorgen und Probleme hätten sprechen können. Im Gegenteil, in den Familien herrschte durchweg Schweigegebot. Die Eltern wünschten nicht – oder hielten es nicht aus –, dass über die Krankheit gesprochen wurde. Insbesondere dürfte in der Regel nichts darüber nach außen treten. Auch die Lehrer wurden nur selten ins Bild gesetzt. Wenn die

Kinder dennoch darüber sprachen, etwa weil sie meinten, ihren Freunden das ungewöhnliche Verhalten des kranken Elternteils erklären zu müssen, hatten sie durchweg Schuldgefühle.

Eine Aufklärung über die Krankheit erfolgte durchweg nicht, weder durch den gesunden Elternteil noch durch irgendwelche Fachpersonen. Die Kinder mussten früh Verantwortung übernehmen. Nicht selten mussten sie mit acht oder mit zehn Jahren die Aufrechterhaltung des Haushaltes gewährleisten und einen Teil der Fürsorge für jüngere Geschwister übernehmen. Dennoch sehen die Kinder, die das unbeschadet überstanden haben, ihre Kindheit positiv – eben weil sie früh selbstständig geworden seien. Allerdings besteht Grund zu der Annahme, dass diese Kinder den Mangel an beschützender, verständnisvoller Fürsorge, der ihnen einen wichtigen Teil einer unbeschädigten Kindheitsentwicklung geraubt hat, mehr oder weniger bewusst verdrängen. Die befragten Kinder waren nach der Beurteilung der Untersucherinnen bemerkenswert stabil. Das sollte aber nicht darüber hinwegtäuschen, dass die wenigen vorliegenden Untersuchungen über die seelische Gesundheit von Kindern psychisch kranker Eltern darauf hinweisen, dass deren Risiko, selbst psychisch zu erkranken, mindestens doppelt so hoch liegt wie in der Durchschnittsbevölkerung. Und das ist keineswegs nur eine Frage von genetischer Belastung.

Mittlerweile ist die Forschung zur psychosozialen Leidenssituation der Kinder psychisch kranker Eltern in Bewegung gekommen (Literatur bei Rogge 2000 und Sollberger 2000). Dabei werden zwei Aspekte, die Hänni und Wüthrich (1993) hervorgehoben haben, immer wieder sichtbar. Neben mangelnder beschützender und verständnisvoller Fürsorge müssen diese Kinder frühzeitig Aufgaben, Rollen und Verpflichtungen des erkrankten Elternteils übernehmen. Ebenso regelhaft waren sie durch Ängste der Eltern und deren Furcht vor Stigmatisierung in Freundeskreis und Schule isoliert und damit in ihrer Lebensentwicklung zusätzlich beeinträchtigt und belastet.

Wie kann man helfen?

Wie kann nun Abhilfe geschaffen werden? Es besteht Überein-stimmung darüber, dass der erste Schritt darin zu bestehen hat, dass die Behandelnden sich dem sozialpsychiatrischen Problem der Mitbetroffenheit aller Familienangehörigen zu stellen haben. Das gilt in besonderem Maße für die jüngeren Kinder. Die Be-treuung außerhalb der Familie mag in der akuten Situation sinn-voll sein. Auf die Dauer ist sie in den meisten Fällen keine Lö-sung. Vielmehr sind Hilfsangebote dringlich, die mit der Aufklärung der mitbetroffenen Kinder beginnen, die ihnen, wo immer dies möglich ist, helfen, gemeinsam mit dem gesunden Elternteil mit dem Leiden des Kranken leben zu lernen und dabei die eigenen Bedürfnisse nach Schutz, Fürsorge und eine unbe-schädigte Kindheitsentwicklung nicht zurückzustellen. Das ist keine leichte Aufgabe. Das Heranwachsen in einer Familie mit einem psychisch kranken Vater oder einer kranken Mutter prägt das weitere Leben auf Dauer. Die Jugendlichen und jungen Er-wachsenen, die über ihre Erfahrungen berichteten, tun sich auch heute noch schwer, sich abzugrenzen und ihr eigenes Leben zu leben. Sie haben Schuldgefühle, wenn sich vom Elternhaus lö-sen und versuchen, nach Kräften mit den realen Belastungen zurechtzukommen, die die chronische Erkrankung des Vaters oder der Mutter mit sich bringt. In Zürich hat die Vereinigung der Angehörigen Schizophreniekranker gemeinsam mit der psychiatrischen Klinik und der Psychiatrischen Poliklinik für Kinder und Jugendliche die Initiative ergriffen, um die Vorbe-reitungen zu einem Unterstützungsprojekt für (vorerst zwölf- bis siebzehnjährige) Kinder psychisch kranker Eltern getroffen.

Es sei nachgetragen, dass das Zürcher Projekt im ersten An-lauf enttäuschend verlief. Es heißt, die Kinder und Jugendlichen hätten die regelmäßigen Zusammenkünfte als zu belastend emp-funden. Der Gedanke, sich in einer Selbsthilfegruppe zu treffen, scheint hier zunächst dazu geführt zu haben, das Ausmaß der schier unerträglichen Belastung zunächst einmal voll ins Bewusstsein gerückt zu haben. Es ist gut möglich, dass der mittlerweile klassische Gedanke, von Krankheit Mitbetroffenen zur gegenseitigen Unterstützung und Stärkung in Selbsthilfegruppen zusammenzufassen und bestimmten Voraussetzungen verfehlt ist. Ich halte es für möglich, dass sie eher individuelle Unterstützung benötigen.

Zielgruppe: junge Erwachsene

Begegnungen aus den letzten Jahren haben mich allerdings auf den Gedanken gebracht, dass es sinnvoll sein könnte, junge Erwachsene mit psychisch kranken Eltern zum Zusammenschluss in Selbsthilfegruppen zu motivieren. Sie leben in einer besonderen Problemsituation, für deren Lösungen es keine Vorbilder und keine Modelle gibt. Zu einem Zeitpunkt, wo andere Jugendliche sich von ihren Eltern lösen, wo sie das eigentlich auch tun sollten, bleiben sie an ihren kranken Vater oder ihre kranke Mutter gebunden. Die Umkehrung des Eltern-Kind-Verhältnisses, die sich in der Zeit ihres Heranwachsens allmählich vollzogen hat, löst sich nicht auf, weil sie nun erwachsen geworden sind und mit Recht den Anspruch stellen, nun auf eigenen Füßen stehen zu wollen. Oft erwartet die kranke Mutter oder der kranke Vater insbesondere von einer der Töchter, dass sie im Haus bleibt und den Haushalt führt, wie sie das irgendwann in der Kindheit gelernt hat. Wenn sie dennoch auszieht, sind Schuldgefühle die Folge. Wenn sie bleibt, geschieht das nicht selten um den Preis der Verkümmerung der eigenen Entwicklung. Nicht wenige junge Erwachsene erleben die daraus resultierenden Belastungen, die über Jahrzehnte anhalten können, auf die Dauer als unerträglich. Hier können Rat und gegenseitige Unterstützung von Menschen mit ähnlichen Problemen von großem Nutzen sein.

Die Kranken, ihre Angehörigen, die öffentliche Meinung und die Therapie

Stigmatisierung, Schuldweisung und die Vorstellungen der Allgemeinheit wirken sich zumindest mittelbar auf die Schizophrenietherapie aus. Ob und wann die Kranken sich in Behandlung begeben, welche subjektiven Krankheitstheorien sie entwickeln und ob sie die vorgeschlagene Behandlung akzeptieren, ist unauflöslich mit dem Bild der Krankheit in der Öffentlichkeit verbunden – mit dem Alltagswissen über und der sozialen Repräsentation von Schizophrenie. Dabei kommen allgemeine soziale Mechanismen der Stigmatisierung ebenso zum Tragen wie die Folgen der metaphorischen Verwendung des Krankheitsbegriffs Schizophrenie und die in der Öffentlichkeit verbreiteten Vorstellungen und Phantasien. von der Krankheitsursache – sei es nun Vitamin- oder Mineralienmangel wie bei orthomolekularen Psychiatrie; sei es die falsche Erziehung oder die angeblich »schizophrenogene« Mutter.

Am Beispiel der Medikamentenbehandlung will ich im Folgenden versuchen zu zeigen, in welcher Weise Vorstellungen aus der Alltagswelt Patienten und Angehörige beeinflussen und – aus meiner Sicht – unter bestimmten Umständen an der Auseinandersetzung mit ihrer Krankheit ebenso hindern wie an der Bereitschaft, bestimmte Therapieverfahren zu akzeptieren. Ich will zugleich versuchen zu zeigen, wie wichtig es ist, dass Therapeuten und wenn möglich auch die Angehörigen und die Kranken selbst begreifen, was sich hier abspielt. Dass dies so ist, hat selbstverständlich auch mit dem komplexen und vielfältigen Charakter der Krankheit Schizophrenie selbst zu tun.

Dabei sollten wir nicht aus den Augen verlieren, dass das grundsätzliche Kennzeichen dieser Krankheit nach Manfred Bleuler (1975) darin besteht, »dass das Gesunde dem Schizophrenen erhalten bleibt«, dass die Rückkehr in die Wahrnehmungswelt der anderen möglich bleibt.

Die Behandlung

Die Therapie besteht nun darin, diese Rückkehr nach Kräften zu fördern. Die Methode der Wahl ist seit vier Jahrzehnten mit wachsender Differenzierung vorrangig die Behandlung mit Neuroleptika. Das gilt in der Akutsituation, das gilt aber auch in der Langzeittherapie und der Rückfallprophylaxe bei chronisch-rezidivierendem Verlauf. Selbstverständlich ist die Medikamentenbehandlung in ein therapeutisches Gesamtkonzept einzubinden, in dem Psychotherapie und soziotherapeutische Maßnahmen eine gewichtige Rolle spielen. Aber Schizophreniebehandlung ohne Neuroleptikaeinsatz ist heute kaum denkbar.

Auch der therapeutische Modellversuch in der Soteria Bern hat sich in zehnjähriger Laufzeit von der Hoffnung seiner Initiatoren verabschieden müssen, es gehe ohne Neuroleptika – wie wohl er gezeigt hat, dass es unter günstigen Bedingungen mit geringeren Mengen geht als bislang üblich. Das wiederum ist ein Befund, der sich im Einklang mit neueren Ergebnissen der Psychopharmakotherapie-Forschung befindet.

Grundlage jedes aussichtsreichen Behandlungsplans ist ein wohl durchdachtes Konzept der Medikamentenbehandlung. Diese soll – bei möglichst geringen unerwünschten Wirkungen – wirksam sein. Die Risiko-Nutzen-Abwägung muss stimmig sein; und die Behandlung ist auf lange Dauer anzulegen – bei den meisten Kranken über drei, fünf oder mehr Jahre. Angesichts der Compliance-Probleme (der Bereitschaft, eine empfohlene The-

rapie auch durchzuführen), die geläufig, bei Schizophreniekranken aber besonders ausgeprägt sind, erscheint diese Aufgabe wie die Quadratur des Kreises. Dass sich die Behandlung nicht
in der Verabreichung von Medikamenten erschöpfen darf, steht
auf einem anderen Blatt. Sie aber nicht Gegenstand dieses Buches (siehe »Schizophrenie – die Krankheit behandeln«, erscheint
voraussichtlich 2001).

Die Krankheit als Herausforderung

Für uns ist dies alles ziemlich klar. Es scheint uns evident. Die
Kranken und ihre Angehörigen, die erstmals mit einer schizophrenen Psychose konfrontiert sind, befinden sich in einer ganz
anderen Situation. Sie müssen zunächst einmal lernen, dass sie
es mit einer Krankheit zu tun haben und nicht mit irgendwelchen
unerklärlichen Einwirkungen aus einer anderen Welt –, aber auch
nicht mit einer bloßen Reaktion auf psychosoziale Belastungen,
die sich zurückbildet, wenn der Stress abklingt.

Dazu kommt der Name der Krankheit. Jeder, der mit Psychosekranken und deren Angehörigen zutun hat, weiß, welche
Schrecken die bloße Erwähnung des Wortes Schizophrenie hervorruft. Er hat gelernt, es sehr vorsichtig zu verwenden. Offenbar hat der Begriff, so der Wiener Psychiater Heinz Katschnig
(1989), ein »Eigenleben entwickelt, das der heutigen Realität der
Krankheit Schizophrenie in keiner Weise entspricht«. Das bringt
uns in ein Dilemma.

»Schizophrenie, das wäre das Ende«, höre ich immer wieder,
wenn ich mit Kranken und ihren Angehörigen über die Störung
spreche, die sie getroffen, die ihr Leben in so einschneidender
Weise verändert hat. Aber das ist nicht so. Unsere Aufgabe ist
es, Schizophrenie zu verstehen und verständlich zu machen,
damit wir Betroffene und Mitbetroffene darin bestärken können, die Herausforderung der Krankheit anzunehmen. Deshalb
müssen wir sie auch benennen. Die Diagnose der Schizophre-

nie ist keineswegs das Ende. Sie ist ein Anfang. Sie ist der Beginn eines Erfahrungs- und Lernprozesses mit dem Ziel, die Krankheit zu überwinden oder doch so gut wie möglich mit ihr zu leben.

Über Behandlung verhandeln

Das bedeutet, dass erfolgreiche Schizophrenie-Therapie von Anfang an einen Austausch voraussetzt zwischen Kranken, Therapeuten und mitbetroffenen Angehörigen – Austausch über die Krankheit und über die Behandlung. Das ist leicht gesagt, aber keineswegs leicht getan. Die Schwierigkeiten beginnen mit der Verständigung über die Krankheit. Ein psychosekranker Arzt meinte dazu, er habe den Eindruck, die Kranken könnten nicht erklären, was in ihnen vorgehe. Die Gesunden könnten es nicht verstehen. Da mag etwas dran sein. Trotzdem müssen wir es versuchen. Gewiss sind die Interessen von Kranken, Angehörigen und Therapeuten keineswegs immer identisch. Aber sie haben ein gemeinsames Ziel. Wer sich heute auf eine der vom Dachverband psychosozialer Hilfsvereinigungen organisierten Tagungen begibt, die die Begegnung zwischen Kranken (»Psychiatrieerfahrenen«), Angehörigen und Fachleuten vermitteln, könnte meinen, sie seien miteinander verfeindet.

Die Kranken halten den Therapeutinnen und Therapeuten immer wieder vor, dass sie ihnen nicht zuhören, sie willkürlich behandeln, ihnen ohne Notwendigkeit Gewalt antun. Sie verlangen, als Partner in der Therapie ihrer Krankheit ernst genommen zu werden. Sie tun das mit Recht. Die Angehörigen klagen über Zurückweisung. Sie erleben sich in einer Beziehungsfalle. Einerseits sollen sie helfen, aber andererseits sollen sie sich gefälligst nicht einmischen. Therapeutinnen und Therapeuten wiederum spüren oft Undank in ihrem Bemühen um die Psychosekranken, das nicht leicht ist und schon gar nicht selbstverständlich. Die klassische Arztrolle ist verkehrt. Oft genug suchen die Kranken nicht um Hilfe nach. Die Therapeuten müssen viel mehr mit ihnen ringen, um ihnen diese in zähen Verhandlungen aufzunötigen oder sie günstigenfalls von der Notwendigkeit zu überzeugen.

In der Tat bedarf es eines hohen Maßes an Übersetzungsarbeit, um zu vermitteln, dass das Fremdwerden der eigenen Person, das »Handgreiflichwerden« der Gedanken (Handke), die veränderte Wahrnehmung der Welt Psychose ist und somit Krankheit. Es ist zu einfach, dabei stehen zu bleiben, dass Schizophrene per definitionem oft »krankheitsuneinsichtig« seien. Die meisten empfinden, dass etwas mit ihnen vor sich geht, dass sie sich verändert haben; und es ängstigt und bedrückt sie; es trennt sie von ihren Mitmenschen. Aber oft begreifen sie nicht, dass dies Zeichen psychotischen Erlebens sind, Anzeichen einer Krankheit. Wie sollten sie auch? Es ist unsere Aufgabe, ihnen dies begreiflich zu machen.

Nur wenn uns dies gelingt, ist unsere Behandlung auf lange Sicht aussichtsreich. Das bedeutet keineswegs, dass dies beim ersten Versuch gelingen muss. Viele Schizophreniekranke lernen erst nach vielen Rückfällen und langem Leiden, was ihnen hilft und was ihnen schadet, welche Lebenssituationen sie suchen und welche sie meiden müssen – und welche Behandlung sie brauchen. Hinzuzusetzen ist: manche lernen es leider nie. Manche driften in ein Leben ohne Halt, ohne Wohnung und ohne Bindungen ab, in immerwährendem Kampf gegen die ihnen angebotenen Hilfen.

Die besondere Situation der Angehörigen

Den Angehörigen geht es nicht besser. Auch sie müssen lernen und begreifen, dass jene unverständlichen Veränderungen, die sich ihres Kindes, ihres Partners bemächtigt haben, Ausdruck von Krankheit sind, dass sie – medizinisch – behandelt werden können und müssen. Die Angehörigen sehen sich zusätzlich auch heute noch immer wieder mit dem Vorwurf konfrontiert, sie seien Schuld an dem Zustand ihres Familienmitgliedes. Rose-Maria Seelhorst (1984), Mutter von zwei schizophrenen Söhnen, heute Vorsitzende des Landesverbandes der Angehörigen psychisch Kranker in Niedersachsen berichtet über ihre bedrückenden Erfahrungen:

»Wir hatten alle noch nie mit einem psychisch Kranken zu tun. Deshalb war uns lange Zeit nicht klar, ob der Junge lediglich in einer schweren Pubertätskrise steckte oder ob mit ihm etwas nicht stimmte, wie man so sagt. Den Geschwistern in der gleichen Schule war es peinlich, dass ihr Bruder so ungepflegt aussah, sich so sonderbar benahm. Er lachte beispielsweise plötzlich schrill und unmotiviert. Er mied uns alle, schlich im Haus herum, schloss sich stundenlang in seinem verdunkelten Zimmer ein und erzählte mir schließlich von Stimmen, die ihn beschimpften. Wir hatten große Angst um ihn.«

»Im Krankenhaus erhielt die Krankheit ihren Namen. Zu Hause blätterte mein Mann dann im Konversationslexikon nach, um zu erfahren, was Schizophrenie eigentlich für eine Krankheit sei. Was da stand machte und fassungslos. Bei den Geschwistern und Großeltern breitete sich Verzweiflung aus. Ich glaube, wir waren damals alle krank... Im Übrigen habe ich die Erfahrung gemacht, dass allein der Name der Krankheit Verlegenheit und Abblocken auslöst. Selbst Verwandte bedeuteten uns, besser zu schweigen... Ganz allgemein muss ich sagen, dass ein offenes Wort über diese Krankheit nicht gerade kontaktförderlich ist. Eine Freundin sagte mir in aller Offenheit: › Lass mal was von dir hören, wenn es bei euch wieder besser geht.‹ Es ging aber nicht besser.«

»Für uns blieb neben der Betreuung des Jungen und dem Versuch, die übrigen Kinder zu beruhigen, die böse Frage nach der Ursache der Krankheit. ... Also, so wurde uns von mehreren Seiten erklärt, dafür gebe es nur eine Erklärung, und das sei überhaupt die Erklärung für die rätselhafte Krankheit Schizophrenie: Falsche Erziehung, mieses Familienklima.« (R.M. Seelhorst 1984)

Wir wissen, dass dies so nicht zutrifft. Die falsche These von der »schizophrenogenen« Mutter hat nicht nur unermessliches zusätzliches Leid über zahllose Familien Schizophreniekranker gebracht. Die Suche nach dem Schuldigen führt auch dazu, dass Wege der Hilfe verbaut werden. Denn wir wissen heute auch, dass die Solidarität und das Verständnis der Angehörigen für den Verlauf einer Erkrankung von entscheidender Bedeutung sein kann. Im Behandlungsplan bei Kranken mit schizophrenen Psychosen hat die Einbeziehung der Angehörigen, ihre Einbindung als Bündnispartner der Kranken wie der Therapeuten somit einen zentralen Ort. Das gilt für das Begreifen der Krankheit und die konstruktive Auseinandersetzung mit ihr ebenso wie für die Sicherung der Compliance und der Bereitschaft, sich der Auseinandersetzung mit der Psychose zu stellen.

Vorbehalte gegenüber Psychopharmaka

Wenn es uns nun gelungen ist, das Vertrauen der Kranken und ihrer Angehörigen zu gewinnen und ihnen zu helfen, die Krankheit Schizophrenie zu verstehen, bedeutet dies keineswegs, dass wir auch Einverständnis über die Art und Weise der zweckmäßigen und notwendigen Behandlung erzielt hätten. Jedem, der Schizophreniekranke behandelt, ist die Ablehnung von Neuroleptika durch die Kranken und ihre Angehörigen geläufig. Generelle Vorbehalte gegenüber »chemischen« Medikamenten werden geäußert, Zweifel an der Wirksamkeit (»die wirken doch nur symptomatisch«, »die dämpfen doch nur«), Angst vor Abhängigkeit (»die machen süchtig«), vor vielfältigen anderen unerwünschten Wirkungen, die ich hier nicht im Einzelnen aufzählen will, und ganz allgemeine Zweifel daran, dass Medikamente die richtigen Mittel zur Behandlung der Schizophrenie seien.

Wir kennen sie alle, die Forderungen nach Psychotherapie, nach Entspannungsverfahren, Forderungen, die wir in Grenzen

nachvollziehen und unterstützen können. Größere Schwierigkeiten haben wir mit dem Ansinnen nach dem Einsatz von
Naturheilmitteln, Meditation, Yoga oder Akupunktur. Ich kann
mir gut vorstellen, dass vielen Therapeuten – wie mir – der Kra-
gen platzt, wenn, wie in letzter Zeit geschehen, Kranke und ihre
Angehörigen über ihren Anwalt die Behandlung mit Bach-
Blütenextrakten verlangen.

Die Behandlung mit Medikamenten wird gelegentlich so gering geschätzt, dass Kranke nach wochenlangem Klinikaufent-
halt und deutlicher Besserung ihres Zustandes ungeduldig fragen, wann denn nun endlich die »Therapie« beginne.

Das öffentliche Vorurteil

Verschärft wird die Situation dadurch, dass solche Patienten keineswegs eine Minderheitsmeinung vertreten. Selbst die Vertreter der Bach-Blütentherapie sind nicht vereinzelte hoffnungslo-
se Spinner, wie viele Fachleute meinen. Eine Untersuchung von
M. Angermeyer beweist vielmehr das Gegenteil. Im Rahmen
einer Repräsentativerhebung über die Einstellung der deutschen
Bevölkerung zur Behandlung psychisch Kranker mit Psychopharmaka hat er feststellen müssen, dass die Behandlungsmetho-
de, die nach gültigem wissenschaftlichem Konsens allein den
Anspruch stellen kann, die Richtige zu sein, sich in der öffentlichen Meinung in einer hoffnungslosen Minderheitsposition befindet.

In seiner Befragung, auf die ich hier nicht im Einzelnen eingehen kann, bietet Angermeyer sechs therapeutische Methoden zur
Bewertung an. Die Ergebnisse: Favorit unter den sechs zur Wahl
gestellten Behandlungsmodalitäten ist die Psychotherapie mit
annähernd 60 Prozent (Abb. 4). »Über die Hälfte der Befragten
spricht sich für sie aus. Mit nur geringem Abstand folgen Ent-
spannungsübungen wie z.B. das Autogene Training. Rang 3 und
4 nehmen Naturheilmittel und Meditation bzw. Yoga ein; sie

werden von mehr als einem Viertel der Befragten empfohlen. Erst dann, auf Platz 5, folgt die Psychopharmakotherapie. Nur jeder Siebte rät zu dieser Behandlung. Der Anteil derer, die sich für eine medikamentöse Therapie aussprechen, ist nur geringfügig höher als der der Befürworter der Akupunktur!«

Abb. 4: Prozentualer Anteil der Befragten, welche die verschiedenen Behandlungsmethoden empfehlen (Angermeyer 1994)

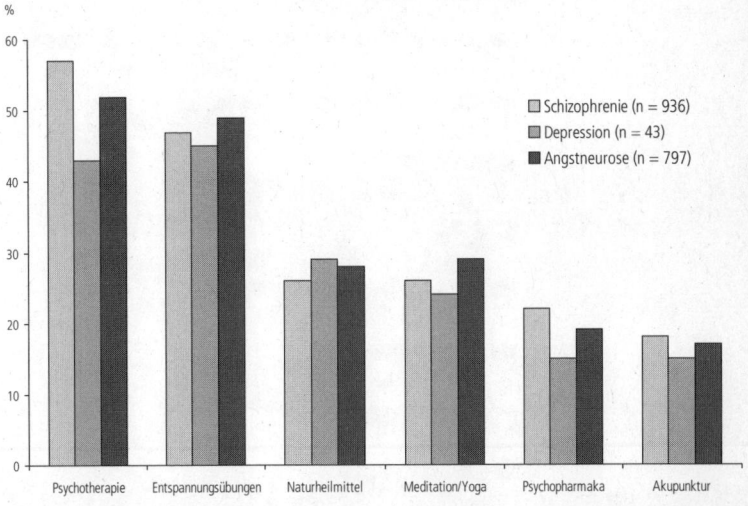

Eine solche Beurteilung kann uns nicht kalt lassen. Sie macht allzu deutlich, dass wir es bei unseren Bemühungen um Compliance mit einer auf lange Dauer angelegten Medikamentenbehandlung nicht nur mit den Kranken als unmittelbaren und den Angehörigen als mittelbaren Partnern zu tun haben. Deren Skepsis und Zurückhaltung gegenüber Psychopharmaka wird vielmehr vom größten Teil der Bevölkerung gestützt! Das wird besonders deutlich, wenn man, wie Angermeyer das getan hat, den bei der Befragung geäußerten Argumenten gegen die Behandlung mit Psychopharmaka im Einzelnen nachgeht (Abb. 5).

Wir erkennen darin die Vorbehalte unserer Patienten aus dem Praxisalltag wieder.

Abb. 5: Argumente der Befragten gegen die Behandlung
mit Psychopharmaka (Angermeyer 1994)

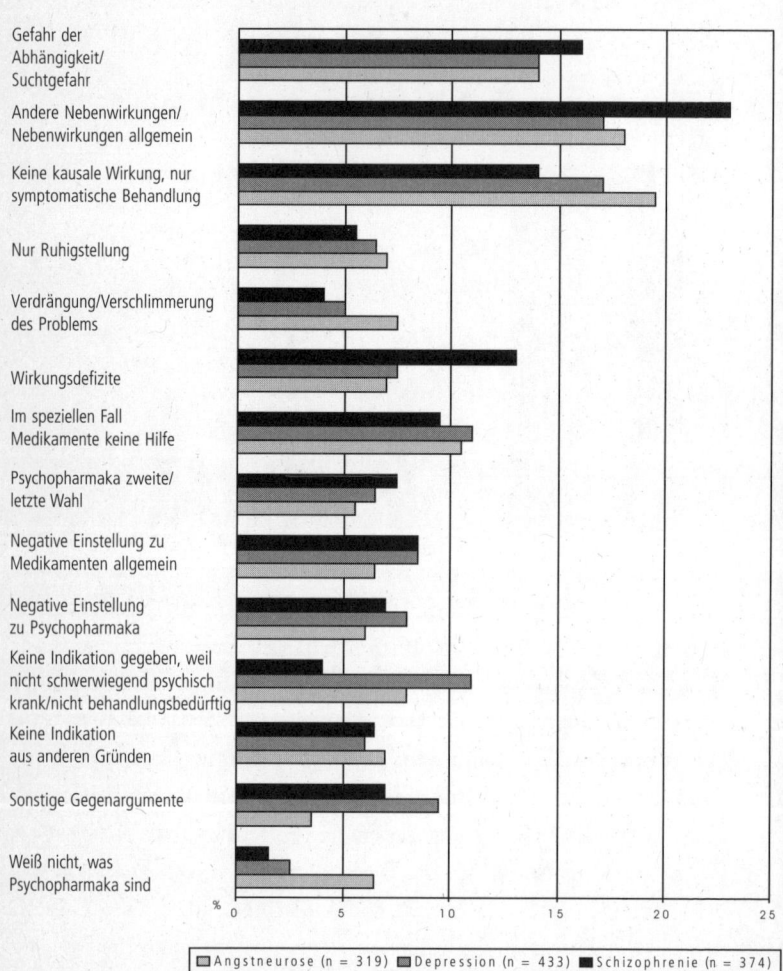

Die weitere Analyse zeigt, dass das Stereotyp der öffentlichen Meinung zur Neuroleptika-Behandlung bei Schizophreniekranken dem Wirkungsprofil der Tranquilizer entspricht. Eine weitere Differenzierung stellt derzeit offenbar eine Überforderung der Öffentlichkeit dar. Die Analyse zeigt auch, dass das Stereotyp von Psychotherapie die Psychoanalyse meint, die im öffentlichen Bewusstsein vorherrscht. Deren Anspruch, das Übel an der Wurzel zu packen, die Schizophrenie gleichsam von der Ursache her aufzurollen, wird als das entscheidende Argument für diese Methode angesehen. Wir wissen, dass beide Stereotype falsch sind. Neuroleptika wirken anders, spezifischer als Tranquilizer; und die psychoanalytische Psychotherapie kann schon deswegen keine ursächliche Behandlung der Schizophrenie sein, weil über deren Ursachen allzu viel im Dunkeln liegt. Dennoch muss das Urteil der öffentlichen Meinung – man kann getrost sagen, das öffentliche Vorurteil – Konsequenzen für unser Alltagshandeln haben.

Konsequenzen für den Behandlungsalltag

Bei der Erstellung unserer Behandlungspläne haben wir es nicht nur mit den Sorgen und Ängsten von Kranken zu tun, die Mühe haben, ihr verändertes Erleben als Krankheit zu begreifen und unsere Überzeugung zu akzeptieren, dass man diese mit Psychopharmaka günstig beeinflussen könne. Wir müssen nicht nur Angehörige mit in unserer Arbeitsbündnis einbeziehen und überzeugen, die oft selbst zutiefst erschüttert, ratlos und nicht selten verzweifelt sind. Wir müssen darüber hinaus darauf gefasst sein, dass die für die Kranken und ihre Angehörigen relevante Öffentlichkeit unsere Behandlungspläne durchkreuzt und Ratschläge erteilt, die den unseren zuwider laufen.

Verwandte in der weiteren Familie, Freunde, Nachbarn und Arbeitskollegen müssen nicht so weit gehen, wie jener Basler Anwalt, der jüngst einer schizophreniekranken jungen Frau gegen ein Honorar von Fr. 1.000 den Rat erteilte: »Gehen Sie nach Hause! Nehmen Sie Ihr Leben in die Hand! Setzen Sie die Medikamente ab!«

Aber dem Tenor solcher Ratschläge sind sie gerade dann immer wieder ausgesetzt, wenn es ihnen unter der Medikamentenbehandlung gut geht, wenn die Medikamente die vollständige soziale und berufliche Reintegration ermöglicht haben. Restsymptome werden ganz selbstverständlich den »schädlichen Medikamenten« zugeschrieben. Ratschläge wie: »Du wirst noch süchtig; du solltest dich nicht von den Medikamenten abhängig machen«, gehören zum Alltag der rekonvaleszenten Kranken.

Was können wir tun? Ganz gewiss können wir nicht kurzfristig das öffentliche Vorurteil beeinflussen, obwohl dies langfristig unser Ziel sein muss. Wir müssen vielmehr das tun, was ohnehin unsere Aufgabe ist. Wir müssen mit dem einzelnen Kranken und seinen Angehörigen arbeiten. Das bedeutet, wir müssen nicht nur sie selbST überzeugen. Wir müssen sie zugleich auf die unausweichliche Auseinandersetzung mit dem öffentlichen Vorurteil vorbereiten, sie wappnen und ihre Widerstandskraft stärken, indem wir ihnen konkrete Argumente in die Hand geben. Dabei können Analogien hilfreich sein: Auch Diabetiker, auch Hochdruck-Kranke, auch Parkinson-Kranke benötigen ihre Medikamente regelmäßig und über lange Zeit.

Die Angehörigen lernen das spätestens nach dem ersten Rückfall ihres erkrankten Familienmitgliedes. Die Kranken selbst mit ihrer Ambivalenz und mit der Beeinträchtigung ihrer Willenskraft, mit der Verminderung ihrer Dynamik, ihrem angeknacksten Selbstbewusstsein und ihren – oft auch krankheitsbedingt – immer wieder aufkeimenden Zweifeln an der Richtigkeit unserer Behandlung haben es da wesentlich schwerer. Sie sind auf Unterstützung und Überzeugungsarbeit von uns und ihren Angehörigen gerade in kritischen Zeiten immer wieder angewiesen. Wirksame Medikamente mit überschaubaren unerwünschten Begleitwirkungen sind dabei eine große Hilfe. Dabei ist es nach meiner Erfahrung von sekundärer Bedeutung, ob es sich um langwirksame Depotpräparate handelt oder um täglich einzunehmende Substanzen. Im Gegenteil, wenn die Kranken erst einmal für die aktive Mitarbeit an der Umsetzung des Behandlungsplans gewonnen sind, vermittelt ihnen die tägliche eigenständige Medikamenteneinnahme nicht selten ein verstärktes Selbstbewusstsein und ein Gefühl der Freiheit.

Abschließend will ich noch einmal präzisieren: Schizophrenietherapie bedeutet, den Kranken ihre psychotische Störung verständlich machen, ihnen helfen, sie als etwas zu akzeptieren, mit dem man sich auseinander setzen kann und muss, ihnen die Krankheits- und Behandlungskonzepte der Psychiatrie verständlich machen, sie dazu bewegen, diese zu akzeptieren, die Angehörigen in diese Prozesse einbeziehen und als Bündnispartner gewinnen. Die Vorurteile gegenüber den Kranken und ihren Angehörigen und die abweichende Meinung der Öffentlichkeit von einer sinnvollen und wirksamen Schizophrenietherapie in Rechnung stellen, sie den Kranken und ihren Angehörigen bewusst zu machen, sie von der Richtigkeit der psychiatrischen Erfahrungen und Kenntnisse zu überzeugen und die Behandlung – erst wenn alles dies erreicht ist mit Aussicht auf Erfolg – durchzuführen.

Stigmabewältigung und Entstigmatisierung

Ich habe in diesem Buch versucht, das Ineinandergreifen von Schizophrenie und Stigma zu verstehen und verständlich zu machen. Die sozialen Folgen der Stigmatisierung müssen als zweite Krankheit verstanden werden, die Folgen der Schuldzuweisung und die mittelbaren Stigmatisierungsfolgen für die Angehörigen gleichsam als dritte. Stigma ist mehr als Vorurteil. Es ist Zuweisung – und Empfindung – von Scham, Schuld, Schimpf und Schande zugleich. Es ist deshalb auch nicht durch simple Aufklärungs- und Öffentlichkeitsarbeit aufzulösen, wie das immer wieder gehofft und propagiert wird. Ich habe oft Zweifel, ob die breit angelegten »Entstigmatisierungskampagnen«, die derzeit in mehreren europäischen Ländern und in Kanada geplant und durchgeführt werden, erfolgreicher sein werden als frühere ähnliche Unternehmungen. Am Schluss dieses Kapitels will ich versuchen, die Problematik solcher Ansätze am Beispiel einer geplanten, aber bislang nicht realisierten Kampagne in der Schweiz zu zeigen. Ich setze auf die Befähigung der Kranken und ihrer Angehörigen zu Stigmabewältigung nicht auf Entstigmatisierung. Angesichts des polarisierenden Charakters unserer Mediengesellschaft bleibt sie für mich Utopie.

Stigma, erinnern wir uns, ist ein Zeichen, das dazu dient, »etwas Ungewöhnliches oder Schlechtes über den moralischen Zustand des Zeichenträgers zu offenbaren« (Goffman 1963). Das Stigma Schizophrenie entwickelt eine eigene Dynamik, der sich niemand entziehen kann. In ihm begegnen sich Phantasien und Ängste, historische und religiöse Mythen, subjektive Theorien von psychischer Gesundheit und Krankheit, Alltagswissen und soziale Repräsentationen, Bilder und Erinnerungen an den nationalsozialistischen Massenmord an psychisch Kranken und geistig Behinderten, persönliche Begegnungen und Erfahrungen und, nicht zuletzt, Assoziationen, die sich mit dem metaphorischen Gebrauch des Wortes Schizophrenie verbinden. Das Stigma ist, das hat dieses Buch gezeigt, zur zweiten Krankheit geworden. Seine Bewältigung – sein Management (Goffman) – wird somit zur selbstverständlichen Aufgabe der Therapie Psychosekranker.

Es ist der Symbolgehalt von Schizophrenie – und anderen stigmatisierenden Leiden – der hier wirksam wird; und dieser ist tief im irrationalen, tief in unserer Gefühlswelt verankert. Mit anderen Worten: Wir müssen die Stigmatisierung und ihre Folgen im Umgang mit der Krankheit und den davon Betroffenen als reale Faktoren in Rechnung stellen und beachten. Das heißt unter anderem auch, dass wir uns selbst immer wieder fragen müssen, welche sozialen Repräsentationen von Schizophrenie in uns lebendig sind und ob es uns selbst als Therapeutinnen und Therapeuten gelingt, den irrationalen Anteil davon zu begreifen und im Rahmen der Behandlung zu kontrollieren. Wir können die Stigmatisierung der Schizophreniekranken in unserer Gesellschaft nicht aufheben. Wir können sie als Therapeuten im gesamtgesellschaftlichen Rahmen vermutlich nicht einmal beeinflussen. Aber indem wir uns ihrer bewusst werden und indem wir sie den Betroffenen verständlich machen, können wir den Kranken und ihren Angehörigen helfen, damit umzugehen. Der amerikanische Soziologie Erwing Goffman (1963) hat in diesem Zusammenhang von Stigma-Management gesprochen (vgl. Kap. 2).

Die Psychiatrie

An die Psychiatrie geht die Mahnung, die Schizophrenie als die psychische Störung, die ihr Bild bestimmt wie keine andere, selbst als Krankheit wie andere zu betrachten und zu behandeln. Erst vor kurzem sagte mir eine Oberärztin angesichts eines ersterkrankten jungen Mannes nach vierzehntägigem Therapieverlauf: »Die Prognose ist ja ohnehin nicht gut«, und meinte damit zu rechtfertigen, dass man gegenüber dem zweifelnden Patienten und den zögernden Angehörigen nicht mit allem Nachdruck darauf bestand, die zu Gebote stehenden Behandlungsmöglichkeiten auszuschöpfen.

Kann man sich eine solche Haltung gegenüber einem Depressiven, einem Persönlichkeitsgestörten oder einem Abhängigkeitskranken vorstellen? Es kann ja sein, dass die Prognose ungünstig ist. Aber sollte man nicht wenigstens die vorhandenen therapeutischen Mittel nutzen, bevor man sich dazu äußert. Schizophrenie ist auch innerhalb der Psychiatrie lange mit dem Mythos der Unheilbarkeit behaftet gewesen – allen gegenteiligen Feststellungen Eugen Bleulers zur Prognose zum Trotz.

Unheilbarkeit ist zu alledem zumindest emotional immer mit Unbeeinflussbarkeit gleichgesetzt worden. Wer käme etwa bei Diabetes oder bei der Herzinsuffizienz auf diesen Gedanken? Die Schizophrenie ist eine schwere Erkrankung. Sie kann einen ungünstigen Verlauf nehmen. Sie tut das auch häufiger, als wir uns das wünschen. Aber das geht uns mit vielen Krankheiten in der ganzen Medizin so. Die rationale Gegenposition dazu ist Hoffnung, ist Engagement, ist konstruktive Auseinandersetzung, ist Beharrlichkeit ganz im Sinne Eugen Bleulers: »Die Therapie der Schizophrenie ist wohl die dankbarste für den Arzt.«

Gunther Kruse (1995) hält dem in der Besprechung meines ersten Buches zur Schizophrenie – die Krankheit verstehen – entgegen, die Tatsache, dass er froh sei, jetzt das Buch nur als

Therapeut zur Hand nehmen zu müssen, bringe ihn in einen gewissen Gegensatz zu der wichtigen Botschaft des Buches, man müsse die Diagnose einer Schizophrenie nicht als so infaust und niederschmetternd erleben, wie es weitgehend geschehe: Dagegen könnten die Erfahrungen mit den neuen Chronischkranken eher kritisch und verzweifelt stimmen. Er könne, wenn er sich in die Lage von Patienten oder Angehörigen versetze, wenig Trost darin finden, dass seine Chancen, im Langzeitbereich eines Landeskrankenhauses zu verdämmern, inzwischen sehr gering seien. »Allein der in Aussicht stehende Verlust an Psychoenergie ist schon erschreckend genug, ganz zu schweigen vom dauerhaften halluzinatorischen Erleben oder der vieles supprimierenden (genau!) Neurolepsie.«

Gewiss, es gibt solchen Verlust. Er steht möglicherweise in Aussicht. Aber möglicherweise kann man ihn auch verhindern, wenn man sich therapeutisch engagiert. Gewiss gibt es dauerhaftes halluzinatorische Erleben, aber doch eher selten; noch seltener ist es therapieresistent. Gewiss, der Stand der Neuroleptikatherapie lässt viele Wünsche offen. Aber wenn man sie beherrscht, kann man viel mit ihr erreichen. Die Berechtigung einer optimistischen Haltung hat wenig mit der Prozentzahl der therapeutischen Erfolge oder der Fehlschläge zu tun. Sie leitet sich vielmehr von der Tatsache ab, dass Krankheit und Krankheitsverlauf mit therapeutischen Mitteln beeinflussbar sind. Die pessimistische Grundhaltung der Psychiatrie gegenüber den schizophrenen Psychosen hat über Jahrzehnte aus heutiger Sicht kaum nachvollziehbaren therapeutischen Nihilismus begünstigt, die Verwahrpsychiatrie stabilisiert und kaum vorstellbares unnötiges Leid über hunderttausende Schizophreniekranker gebracht.

Erinnern wir uns: Noch 1969 konnte Hartmann aufgrund seiner Untersuchung bei schizophreniekranken Landeskrankenhauspatienten eines Bundeslandes feststellen, kein einziger von ihnen habe nach dem damaligen Stand der Wissenschaft mögliche und angemessene Behandlung erfahren. Ich bin fest davon überzeugt, dass alles dies mit dem Stigma zu tun hat, mit dem mythisch verzerrten Bild von Schizophrenie, von dem Reste immer noch tief in uns allen verwurzelt sind, und die manche von uns daran hindern, die Chancen einer zeitgemäßen Schizophrenietherapie mit vollem Herzen zu ergreifen.

Die Kranken

Die Kranken erleben die Stigmatisierung und ihre Folgen ständig. Sie müssen sich sorgfältig überlegen, wem sie von ihrer Krankheit erzählen und wem gegenüber sie darüber schweigen. Sie müssen sich überlegen, wie sie sie benennen – ob sie etwa von psychischen Problemen, von Psychose oder gar von Schizophrenie sprechen. Sie stehen immer wieder vor dem Dilemma, einerseits ihre Einschränkungen durch Krankheitsfolgen oder durch Medikamenteneinnahme erklären zu müssen, andererseits nichts preiszugeben, was nachteilig für sie ist. Wenn sie sich entschließen zu schweigen, sind sie diskreditierbar durch Bloßstellung und Verrat. Wenn sie sich offenbaren, setzen sie sich all jenen Vorurteilen und Fehleinschätzungen aus, die mit dem Bild der Krankheit in der Öffentlichkeit verbunden sind. Im Bekannten- und Freundeskreis sowie unter Kollegen haben sie dann allerdings auch die Chance, Hilfe zu erfahren.

Eine Schwierigkeit besteht darin, dass sie ja selbst Teil der Öffentlichkeit sind und dass sie deren Bild von der Krankheit trotz gegenteiliger Erfahrungen bis zu einem gewissen Grad teilen. Die Auseinandersetzung mit dieser Tatsache ist ein wichtiger Bestandteil des Stigma-Managements. Erst wenn man sich bewusst ist, dass man sich unberechtigten Gefühlen von Scham, Schuld und Schande wegen seiner Krankheit nicht so leicht entziehen kann, wird die Auseinandersetzung mit der Stigmatisierung und deren Folgen durch die anderen möglich. Unter anderem deshalb ist es notwendig, dass die Kranken ihre Diagnose kennen, dass sie fachlich begründetes Wissen über sie erwerben und dass sie sich auf die Auseinandersetzung mit ihr einlassen. Dazu gehört auch und vor allem die Information über unterschiedliche Auffassungen von Psychiatrie und Öffentlichkeit von der Krankheit und die Auseinandersetzung damit. Wie konkret die Folgen solcher unterschiedlichen Vorstellungen sein können, habe ich im 12. Kapitel am Beispiel der Medikamentenbehandlung dargelegt.

Die Angehörigen

Auch die Angehörigen Schizophrenienkranker unterliegen dem Stigma: Direkt durch Schuldzuweisung, indirekt durch ihre enge Verbindung mit den Kranken. Sie erleben es immer wieder, dass sie von Nachbarn, Freunden und Bekannten behandelt werden, als sei die Schizophrenie ansteckend. Die Krankheit ist ihnen unheimlich und, erinnern wir uns: »Jede Krankheit, die man als Geheimnis behandelt, und heftig genug fürchtet, wird im moralischen, wenn nicht im wörtlichen Sinne ansteckend empfunden.« (Sontag 1978) »Es scheint so, als brauchten alle Gesellschaften eine Krankheit, die sie mit dem Bösen identifizieren und ihren ›Opfern‹ als Schande anlasten können.« (Sontag 1989)

Wie schmerzlich sich das im täglichen Leben auswirkt, beschreibt Rose-Maria Seelhorst (1984):

»Ich habe übrigens die Erfahrung gemacht, dass allein der Name der Krankheit vor allem bei älteren Menschen Verlegenheit und Abblocken auslöst. Selbst nahe Verwandte bedeuteten uns, besser zu schweigen. Ganz allgemein muss ich sagen, dass ein offenes Wort über diese Krankheit nicht gerade kontaktförderlich ist. Aber gerade das hatten wir alle nach einer Zeit der Vereinsamung nötig. Schon lange lebten wir nur noch unter uns. Die Geschwister trauten sich nicht, Schulkameraden mit nach Hause zu bringen und auch mein Mann und ich lebten eingekapselt mit unserer Sorge. Man muss erst lernen, seine eigenen Sorgen für sich zu behalten und mit anderen stattdessen mit Unkraut im Garten oder eine Fünf in Mathematik zu sprechen. Eine Freundin sagte mit in aller Offenheit: ›Lass mal was von dir hören, wenn es bei euch wieder besser geht.‹ Es ging aber nicht besser«.

Zurückweisung, Diskriminierung, Schuldzuweisung – damit haben Angehörige und Schizophreniekranke zu rechnen. Damit müssen sie sich auseinander setzen. Dagegen müssen sie sich wehren. Dazu benötigen sie Verbündete; und diese finden sie am ehesten und am zuverlässigsten bei anderen Angehörigen. Auch andere Angehörige müssen so etwas wie ein Stigma-Management entwickeln, um einen konstruktiven Weg zur Bewältigung der Familienkatastrophe Schizophrenie zu finden. Auch Angehörige sollten sich umfassend über die Krankheit Schizophrenie informieren, aber auch über die sozialen Prozesse der Stigmatisierung, denen sie und ihre kranken Familienmitglieder ausgesetzt sind. Verstehen, was geschieht, ist ein erster Schritt zur Bewältigung. Auch Angehörige sind aufgerufen, jenseits des Stigmas ein nüchternes Verhältnis zur Krankheit Schizophrenie zu entwickeln. Nur so können sie lernen, Krankheitssymptome von stigmabedingten sozialen Reaktionen zu unterscheiden und entsprechend angemessene Hilfe zu leisten. Nur so können sie lernen, eigene für die Krankheit ihres Familienmitgliedes bedingte Sorgen von jenem Kummer zu unterscheiden, der durch ihre eigene Konfrontation mit Vorurteilen, Diffamierung und Schuldzuweisung verursacht ist. Nur so können sie sich allmählich von jenen falschen Vorstellungen von der Krankheit Schizophrenie lösen, die sie entwickelt haben, als bei ihnen noch alles so war, wie es jetzt nicht mehr sein wird.

Der Stigmatisierung entgegenwirken

Gewiss ist es für die Zukunft eine gesellschaftliche Aufgabe, der Stigmatisierung von Schizophreniekranken und anderen Gruppen von Ausgegrenzten durch Aufklärung und Öffentlichkeitsarbeit entgegenzuwirken. Das ist vorrangig eine politische Aufgabe für Verbände und Interessenvertretungen von Psychiatrie, Angehörigen und Kranken, insbesondere Letztere entwickeln in den letzten Jahren glücklicherweise immer mehr Dynamik und Kraft in der Auseinandersetzung mit Ungerechtigkeit und Diffamierung. Die Veränderung von Einstellungen und Haltungen ist jedoch ein Prozess der über Jahrzehnte geht und dessen Ausgang keineswegs gewiss ist. Die Kranken und ihre Angehörigen brauchen jedoch heute Hilfe und Rat. Das bedeutet, dass wir sie befähigen müssen, die durch die Stigmatisierung bedingten Ungerechtigkeiten ihnen gegenüber auch als Ungerechtigkeit zu begreifen, sich dagegen zu wehren und , wo immer möglich, zu bewältigen, auch wenn das alles andere leicht ist.

Das bedeutet nicht, dass wir nicht versuchen sollten, auf die Vorstellung und Vorurteile der Öffentlichkeit und auf deren Stigmatisierung einzuwirken. Ich versuche das mittlerweile seit mehr als drei Jahrzehnten. Ich warne vor Hoffnung auf schnelle Erfolge. Wer dauerhafte Veränderungen erreichen will, braucht einen langen Atem und ein hohes Maß an Frustrationstoleranz. Er braucht aber auch fundierte Konzepte. Am Beispiel einer geplanten, aber bislang nicht realisierten Entstigmatisierungskampagne in der Schweiz will ich versuchen, einige Probleme solcher Ansätze darzustellen.

»Psychisch Kranke und wir«:
Eine Entstigmatisierungskampagne

Was im Grundsatz möglich ist, bedeutet aber nicht, dass dies auch auf breiter Basis, etwa auf gesamtgesellschaftlicher Ebene im Rahmen einer Medienkampagne, wie immer lange sie andauern mag, erreicht werden kann. Eine methodisch nicht ganz unanfechtbare Repräsentativerhebung in der Schweiz (Spichiger 1995) kommt zu dem Ergebnis, die Ursache der Vorurteile der Bevölkerung gegenüber psychisch Kranken sei mangelndes Wissen. Sie belegt das an der unterschiedlichen Einstellung und dem unterschiedlichen Wissen der Bevölkerung zur Depression und zur Schizophrenie und den Menschen, die darunter leiden. Viele Menschen seien in ihrer Biografie bereits Depressiven begegnet. Sie hätten persönliche Erfahrungen mit ihnen. Deswegen entwickelten sie Verständnis. Bei schizophreniekranken Menschen sei das anders. Nur etwa zehn Prozent seien je einem Schizophreniekranken begegnet. Sie könnten sich deshalb kein Urteil bilden. Ihnen fehle das Wissen. Deswegen hätten sie Vorurteile.

Die Überlegung, dass Schizophreniekranke ihr Leiden aus guten Gründen verstecken, wurde nicht bedacht. Auch die Tatsache, dass Vorurteile und Unwissen über psychisch Kranke in solchen ländlichen Gebieten besonders verbreitet waren, in denen auch die Vorbehalte gegenüber bestimmten Ausländergruppen besonders groß sind, wurde nicht reflektiert.

Auf der Grundlage dieser Erhebung wurde ein Projekt zur »Entstigmatisierung psychisch Kranker« und eine Kampagne (»Psychisch Kranke und wir«) geplant (PRW 1995). Obwohl beide nicht zustande kamen, lohnt es sich, der Projektkonzeption etwas ausführlicher nachzugehen, weil ähnliche Ansätze auch in anderen Ländern geplant werden und zum Teil bereits verwirklicht worden sind. Die Ausgangslage für das Projekt wird wie folgt dargestellt:

»Besonders Psychiater, Ärzte und Pflegepersonal in Kliniken, aber auch Verwandte und Angehörige von psychisch Kranken haben seit je her unter der Tatsache zu leiden, dass psychisch Kranke von vielen Mitmenschen als minderwertige Menschen empfunden bzw. behandelt werden. Aus ihrem Wissen um das Wesen und die Wirklichkeit der psychischen Krankheiten ist bei ihnen das Bedürfnis nach Einsichten und Fakten, wie sie durch die Studie vermittelt werden, besonders ausgeprägt. Sie leiden mit den Patienten unter der Ungerechtigkeit und den Auswirkungen ihres Stigmas.«

Aufgrund der Repräsentativuntersuchung erscheint den Initiatoren für die Stoßrichtung der »kommunikativen Entstigmatisierungsbedingungen« besonders wichtig:

> »■ die Konzentration der Hauptaussage auf zwei bzw. drei Krankheitsbilder, nämlich Schizophrenie, Depression und Manische-Depression (sie)
>
> ■ die schwerpunktmässige Ausrichtung der Aufklärungsarbeit auf die eher einfache Bevölkerung mit relativ tiefem Bildungsniveau.«

Ziel der Aufklärungskampagne müsse es sein, bestehende Vorurteile und Berührungsängste gegenüber psychisch Kranke durch leicht verständliche Information abzubauen und größeres (auf besseres Wissen) sich abstützendes Verständnis zu vermitteln, damit die psychisch Kranken in unserer Gesellschaft künftig »einfühlende Akzeptanz und Rücksicht« genießen könnten. Die (vorgefasste und von bestimmten Medien speziell »gepflegte«) Volksmeinung über Kliniken, fürsorgerischen Freiheitsentzug und Zwangsbehandlung seien eine Erschwernis für die Aufklärung. Psychiatriefilme wie »Einer flog übers Kuckucksnest« oder »Ich habe dir nie einen Rosengarten versprochen« verstärkten bestehende Negativurteile. Deshalb müsse man das Verständnis für die Notwendigkeit solcher Maßnahmen und für die Institutionen selbst im Interesse der Kranken fördern. Im Übrigen würden die verschiedenen Formen psychischer Erkrankungen in breiten Volkskreisen oft nicht als solche erkannt. Wer wisse denn, dass Depressionen, Schizophrenie und Alzheimer zu den häufigsten Erkrankungen des Gehirns gehörten, die jedermann jederzeit befallen könnten. Während man bei körperlich Kranken Anteilnahme, Mitleid und Hilfsbereitschaft zeige, distanziere man sich von psychisch Kranken, wende man sich von ihnen

ab und schließe die Augen vor ihrem und ihrer Angehörigen un-
endlichem Leid. »Dies nicht aus Mangel aus Mitgefühl, sondern
weil man Angst vor dieser Krankheit und diesen Kranken hat,
gewissermassen eine Ohnmacht verspürt, die auf Unwissenheit
und Vorurteilen beruht.«

Eine Repräsentativumfrage (Spichiger 1995) habe gezeigt, »in
welch hohem Maße in breitesten Kreisen« Vorurteile gegenüber
psychisch Kranken und psychischen Krankheiten bestehen und
warum es so schwierig sei, »die vorhandenen psychologischen
Schranken gegenüber diesen gesellschaftlich und sozial Benach-
teiligten« abzubauen. Die Erhebung mache aber auch deutlich,
dass der Informationsstand durch Aufklärung angehoben werden könne, »weil ja die Vorurteile lediglich auch Nicht-Wissen
und nicht auf bewusster Diskriminierung beruhen«. Entsprechend wird das Kampagnenziel formuliert:

> »Es ist das Ziel der Kampagne, die in der Studie festgestellte Haupt-
> problematik – Unsicherheit im Verhalten gegenüber psychisch Kran-
> ken sowie die damit einhergehenden Informationsdefizite – durch
> Aufklärungsarbeit abzubauen und möglichst breite Kreise der Be-
> völkerung für ein entkrampftes, von Verständnis geprägtes Verhal-
> ten zu gewinnen.«

Das Projekt war ebenso ehrenwert wie naiv. Es kam nicht zustande, weil die dafür veranschlagten fünf Millionen Schweizer-
franken nicht aufgebracht werden konnten. Das hing gewiss auch
damit zusammen, dass die großen in Betracht kommenden Geld-
geber – die schweizerische pharmazeutische Industrie – nicht von
der Durchschlagkraft des Projektes überzeugt werden konnten,
das sich wesentlich auf Mittel der Werbung stützen sollte. Bei
der Präsentation wurde ausdrücklich gesagt, nach dem »Kiss-
Prinzip« (Keep it Simple and Stupid).

Entstigmatisierung: Keep it Simple and Stupid?

Die Initiatoren des Projektes unterlagen einer Reihe von Irrtümern, die bei optimistischen Entstigmatisierern verbreitet sind. Zum einen wollen sie offenbar nicht wahrnehmen, dass die gesamte Medienberichterstattung über psychisch Kranke und psychische Krankheiten und Psychiatrie in Fernsehen und Printmedien durch und durch negativ ist – in den Zeitungen durchgängig vom politischen bis zum Sportteile und dass diese negative Bewertung sich in der Metaphorisierung von psychiatrischen Begriffen den gesamten Alltag durchdringt. Am deutlichsten wird das am Beispiel des Wortes schizophren. Gewiss gibt es daneben einige Aufklärungsbeiträge. Aber diese haben gegenüber der emotionalen Wucht von Film- und Fernsehdarstellungen, in denen böse, unberechenbare und gefährliche Kranke auftreten, keine Wirkung.

Zum anderen übersehen sie, dass solche Kampagnen extrem negative Wirkung haben können. Wenn eine Aktion, wie »Psychisch Kranke und wir«, die Bevölkerung für die Probleme und Anliegen der psychisch Kranken sensibilisiert und sie als nette Nachbarn und Mitmenschen darstellt, kann gleichzeitig ein spektakuläres und sensationelles Ereignis zeigen, dass das Gegenteil auch wahr ist. In einer solchen Situation zählt dann nicht die Statistik, sondern die Bilder. Das Lafontaine-Attentat durch eine Schizophreniekranke ist ein Beispiel, die erweiterte Selbsttötung einer schwer psychisch gestörten Frau im Weihnachtsgottesdienst in einer Kirche in Frankfurt ein anderes. Weitere lassen sich zwanglos aufzählen. Gewalttaten psychisch Kranker sind, wie später zu zeigen ist, nicht häufig. Sie sind aber so häufig, dass im Zeichen der globalen Berichterstattung gewiss wöchentlich ein Ereignis Schlagzeilen macht, indem ein »mutmaßlich geistesgestörter Täter« eine besonders abscheuliche Gewalttat begangen hat – unabhängig davon, ob sich nun später herausstellt, dass die Mutmaßung falsch war oder nicht.

Schließlich wird allzu oft vergessen, dass psychisch Kranke (wie wir alle) ja keineswegs durchgängig besonders nette und unkomplizierte Menschen sind. Sie haben ihre Schwierigkeiten wie andere Menschen. Sie sind oft besonders verletzlich, zurückgezogen und wenig kommunikativ. Der Umgang mit ihnen kann über die Maßen schwierig sein, wenn ihre Stimmung und ihre Dynamik labil und wechselhaft ist, wenn sie aus ihrer depressiven Verstimmung heraus ängstlich und gereizt reagieren, wenn sie in der Manie ihren Redefluss nicht bremsen können, über die Maßen geschäftig und unfähig sind, Abstand von anderen Menschen zu halten, wenn sie in psychotischer Verkennung der Wirklichkeit »objektiv« unbegründete, nichtsdestoweniger tief greifende Angst zeigen, die Dritte nicht nachvollziehen können und die sie ängstigen.

Wer über die Massenmedien entstigmatisieren will, hat sich nicht weniger vorgenommen, als die Gesellschaft zu verändern. Mit Hilfe von Medien, deren derzeitiges Hauptmerkmal das Infontainment statt Information ist, die Polarisierung statt der Versöhnung, Zuspitzung statt Ausgleich, Verbreitung von Verdächtigungen statt Aufklärung, Plakatives statt Differenzierung. Wer mit den Massenmedien entstigmatisieren will, kämpft nicht nur gegen den Zeitgeist. Er kämpft gegen Windmühlenflügel.

Das, was sich mit Hilfe der Massenmedien erreichen lässt, ist die Kontrolle von allzu radikalen Reaktionen und Auswüchsen der Stigmatisierung. Sie haben gegebenenfalls Ressentiments gegen bestimmte Ausländer. Aber sie wenden sich dagegen, dass man sie totschlägt. Sie berichten jeden Tag über mutmaßlich gefährliche Geisteskranke. Aber sie wenden sich dagegen, dass man alle psychisch Kranken einsperrt. Im Rahmen dieser Grenzen kann man mit ihnen arbeiten. Man muss es auch. Aber, um es zu wiederholen: Der Versuch einer allgemeinen Entstigmatisierung der psychisch Kranken in der Bevölkerung ist ein untauglicher Weg, ist Verschwendung von Energie und Geld und führt schlimmstenfalls als unerwünschte Wirkung zu einer Verstärkung von Ressentiments.

Natürlich kann man solche Versuche, die Öffentlichkeit zu beeinflussen, auch differenzierter und theoretisch fundierter planen und umsetzen. Dennoch sei daran erinnert, dass Stigma und Stigmatisierung eine gesellschaftliche Funktion haben und dass der Versuch, sie zu mildern oder gar aufzuheben, nicht mehr und nicht weniger bedeutet als zu versuchen, die Gesellschaft als Ganzes zu verändern. Darauf aber können die psychisch Kranken nicht warten. Im Alltag bleiben Stigma-Management, Stigmabewältigung und die Hilfe dazu das Gebot der Stunde.

Ich will nicht missverstanden werden: Dies ist kein Plädoyer gegen Aufklärung über psychische Krankheit in den Medien und gegen Öffentlichkeitsarbeit psychiatrischer Vereinigungen und Institutionen. Meine Kritik richtet sich gegen allumfassende globale Ansätze. Ulrike Hoffmann-Richter (2000) hat in ihrer wegweisenden Untersuchungen über Psychiatrie in der Zeitung, Urteile und Vorurteile, gezeigt, wo Öffentlichkeitsarbeit vor allem Erfolg verspricht: Bei den Lokalredaktionen der Tageszeitungen und bei lokalen Rundfunksendern. Die Psychiatrieberichterstattung im Lokalteil ist in besonderer Weise diskriminierend. Die Verbindung von Gewalttaten und psychischer Krankheit ist hier besonders häufig. Gleichzeitig wird der Lokalteil von fast allen Leserinnen und Lesern zur Kenntnis genommen. Das ist die negative Seite. Ansatzmöglichkeiten zur Veränderung bietet die Lokalredaktion, weil sie für die Bewohner des jeweiligen Gemeinwesens gut zugänglich ist – durch Leserbriefe, Anrufe, persönliche Kontaktaufnahme, Einladungen in Behandlungseinrichtungen und Veranstaltungen von Selbsthilfevereinigungen und vieles andere mehr. Unsere Mittel und unsere Kräfte sind begrenzt. Wir sind gehalten, sie sparsam und wirksam zugleich einzusetzen. Therapeutinnen und Therapeuten aber dürfen nie vergessen, dass es ihre unmittelbare

Aufgabe ist, die Kranken hier und jetzt zu behandeln und ihnen Hilfe zu leisten bei der Wiederherstellung ihrer durch Stigmatisierung beschädigten Identität.

Literaturverzeichnis

AMÉRY, J.: Hand an sich legen. Diskurs über den Freitod. Stuttgart: Klett-Cotta 1976

ANGERMEYER, M.C.: Einstellung der Bevölkerung zu Psychopharmaka. In: NABER, D., MÜLLER-SPAHN, F. (Hg.): Clozapin. Pharmakologie und Klinik eines atypischen Neuroleptikums, 113-123. Berlin, Heidelberg, New York: Springer Verlag 1994

ANGERMEYER, M.C., T. HELD, D. GÖRTLER: Pro und Contra: Psychotherapie und Pharmakotherapie im Urteil der Bevölkerung. PPmP 43 (1993) 286-292

ANGERMEYER, M.C., FINZEN, A. (Hg.): Die Angehörigengruppe. Familien mit psychisch Kranken auf dem Weg zur Selbsthilfe. Stuttgart: Enke Verlag 1984

ANGERMEYER, M.C., SIARA, C.S.: Auswirkungen der Attentate auf Lafontaine und Schäuble auf die Einstellung der Bevölkerung zu psychisch Kranken. Teil 1: Die Entwicklung im Jahr 1990. Nervenarzt 1994: 65, 41-48

ANGERMEYER, M.C., SIARA, C.S.: Auswirkungen der Attentate auf Lafontaine und Schäuble auf die Einstellung der Bevölkerung zu psychisch Kranken. Teil 2.: Die Entwicklung im Jahre 1991. Nervenarzt 1994: 65, 49-56

ANGERMEYER, M.C., SCHULZE, B.: Psychisch Kranke – eine Gefahr? Psychiat. Prax. 1998; 25: 211-220

ATKINSON, S.D.: Grieving and Loss in Parents with a Schizophrenic Child. Am J. Psychiat. 1994: 151, 1137-1139

BATESON, G., JACKSON, D.D., HALEY, J. u.a.: Schizophrenie und Familie. Frankfurt/Main: Suhrkamp 1969

BÄUML, J.: Psychosen aus dem schizophrenen Formenkreis. Ein Ratgeber für Patienten und Angehörige. Berlin, Heidelberg, New York: Springer Verlag 1994

BARNES, M.: Meine Reise durch den Wahnsinn. Frankfurt/Main: Fischer Taschenbuch Verlag 1983

BAUER, M.: Gutachten zum Abbau von Vorurteilen gegenüber psychisch Behinderten. In: Psychiatrieenquête Band II, Drucksache 7/4201, Bonn: Deutscher Bundestag 1973 , 1116-1129

BINDING, G, K., A. HOCHE: Die Freigabe der Vernichtung lebensunwerten Lebens, Leipzig: Meiner 1920, 2. Auflage 1922

BLEULER, E.: Die naturwissenschaftlichen Grundlagen der Ethik. In: Schweizer Archiv für Neurologie und Psychiatrie XXXVIII/2, 1936, 177-206

BLEULER, E.: Dementia Praecox oder die Gruppe der Schizophrenien. Leipzig: Deuticke 1911. Reprint: Mit einem Vorwort von Manfred Bleuler. Tübingen: Archiv der Edition Diskord 1988

BLEULER, E. und M.: Lehrbuch der Psychiatrie, 13. Aufl. Berlin, Heidelberg, New York: Springer 1975

BLEULER, M. In: M. SHEPERD (Hg.): Psychiater über Psychiatrie. Weinheim und Basel: Beltz Verlag 1985, 13-31

BÖKER, W., HÄFNER, H.: Gewalttaten Geistesgestörter. Eine psychiatrisch-epidemiologische Untersuchung in der Bundesrepublik Deutschland. Berlin, Heidelberg, New York: Springer Verlag 1973

BREU, E.: Ich war die »schizophrenogene Mutter...« In: DEGER-ERLENMAIER (Hg.): Wenn nichts mehr ist, wie es war. Angehörige psychisch Kranker bewältigen ihr Leben. Bonn: Psychiatrie-Verlag 1992, 27-34

BROWN, G.W.: Die Familie des schizophrenen Patienten. In: v. CRANACH, M., FINZEN, A. (Hg.): Sozialpsychiatrische Texte. Psychische Krankheit als sozialer Prozeß. Psychiatrische Epidemiologie. Berlin, Heidelberg, New York, Springer Verlag 1972, 196-217 (Orig. 1967)

BROWN, G., E.M. MONK, G.M. CARSTAIRS, J.K. WING: Influence of the Familiy Life on the Course of Schizophrenic Illness. Brit. J. prev. soc. Med. 16 (1962) 55

CADALBERT-SCHMID, S.: Sind Mütter denn an allem schuld? München: Kösel Verlag 1993

Castelveccio 1999: Natoseminar zum Thema Gewalt psychisch Kranker vom 16. bis zum 26. Mai 1999 in Castelveccio

COOPER, D.: Psychiatrie und Antipsychiatrie. Frankfurt: Suhrkamp 1971 (engl. Orig. 1967)

COOPER, D.: Der Tod in der Familie. Reinbek bei Hamburg: Rowohlt 1972

CUMMING E., CUMMING, J.: Closed Ranks. An experiment in mental health education. Cambridge, Massachusetts: Harvard University Press 1957

DEGER-ERLENMAIER, H. (Hg.): Wenn nichts mehr ist, wie es war... Angehörige psychisch Kranker bewältigen ihr Leben. Bonn: Psychiatrie-Verlag 1992

DÖRNER, K., EGETMEYER, A., KOENNING, K. (Hg.): Freispruch der Familie. Bonn: Psychiatrie-Verlag 1991 (1. Auflage 1982)

DÖRNER, K., EGETMEYER A., KOENNING, K. (Hg.): Freispruch der Familie. Wie Angehörige psychiatrischer Patienten sich in Gruppen von Not und Einsamkeit, von Schuld und Last frei-sprechen. Bonn: Psychiatrie-Verlag 1997

DOHRENWEND, B.P.: SHROUT P.E, LINK B.G, SKODOL A.E.: Social and psychological risk for episodes of schizophrenia. In: HÄFNER,

H., Gattaz, W.F., Janzarik, W. (Hg.): Search for the causes of schizophrenia. Berlin, Heidelberg, New York: Springer Verlag 1987

dtv Lexikon. Mannheim: Brockhaus GmbH/München: Deutscher Taschenbuchverlag 1992

Duden. Fremdwörterbuch. Mannheim: Duden-Verlag 1980

»Entstigmatisierung psychisch Kranker«. projekt, vorgelegt von der PRW Zürich 1995 (im Manuskript vervielfältigt)

Erlenberger, M.: Der Hunger nach Wahnsinn. Ein Bericht. Reinbek bei Hamburg: Rowohlt Taschenbuch Verlag 1977

Ernst, K.: Die Belastung der Kinder hospitalisierungsbedürftiger Psychischkranker. Eine vorwissenschaftliche Schätzung. Nervenarzt 1978: 49, 427-431

Etymologisches Wörterbuch des Deutschen, erarbeitet im Zentralinstitut für Sprachwissenschaften, Berlin, unter Leitung von W. Pfeifer. München: Deutscher Taschenbuchverlag 1993

Finzen, A.: Arzt, Patient und Gesellschaft. Stuttgart: Gustav Fischer Verlag 1969

Finzen, A.: Gutachten zum Abbau von Vorurteilen gegenüber psychisch Kranken und Behinderten. Drucksache 7/4201 In: Psychiatrieenquête Band II. Bonn: Deutscher Bundestag 1973, 1130-1139

Finzen, A.: Die Tagesklinik. Psychiatrie als Lebensschule. München: Piper Verlag 1977

Finzen, A.: Psychische Krankheit und Gewalt. Ein Symposium. Spektrum der Psychiatrie, Psychotherapie und Nervenheilkunde 1997; 26: 173-178

Finzen, A.: Schizophrenie. Die Krankheit verstehen. Bonn: Psychiatrie-Verlag 1993, 2000

Finzen, A.: Schizophrenie als Metapher. Psych. Prax. 1994: 21, 47-49

Finzen, A.: Medikamentenbehandlung bei psychischen Störungen. Leitlinien für den psychiatrischen Alltag. 13. bearbeitete Auflage. Bonn: Psychiatrie-Verlag 2001

Flick, U.: Psychologie des Sozialen; Repräsentationen in Wissen und Sprache. Reinbek: Rowohlt 1995

Frankfurter Allgemeine Zeitung: Lonrho-Aktionäre: »Der Verwaltungsrat ist schizophren« 27.03.1995, Nr. 73, 22

Frame, J.: Ein Engel an meiner Tafel. Autobiographischer Roman. München: Piper 1993

Fromm-Reichmann, F.: Transference problems in schizophrenics. Psychoanal. Quart. Albany 1939: 8, 412. Deutsch: Heilung durch Wiederherstellung von Vertrauen. In: P. Matussek: Psychotherapie schizophrener Psychosen. Hamburg: Hoffmann und Campe 1976

Garfinkel, H.: Conditions of Successful Degradation Ceremonies. Am. Journal of Sociology 1956: 61: 420-424

GERHARDT, U.: Patientenkarrieren. Frankfurt/Main: Suhrkamp 1986

GESTRICH, J., STIEF, J.: Studienerfolg und Krankheitsverlauf schizophrener Studenten. Ergebnisse einer schriftlichen Katamnese. Arch. Psychiat. Nervenkr. 1981: 230, 159-169

GOFFMAN, E.: Asylums. Essay on the Social Situation of Mental Patients and Other Inmates 1961; dt.: Asyle: Über die soziale Situation psychiatrischer Patienten und anderer Insassen. Frankfurt/M: Suhrkamp 1972

GOFFMAN, E.: Stigma. Über Techniken der Bewältigung beschädigter Identität. Frankfurt/Main: Suhrkamp 1975. Englisch: Stigma. Notes on the Management of Spoiled Identity. Englewood Cliffs, N.J.: Prentice-Hall 1963

GOTTSCHLING, W.: Die Welt schien in Ordnung. In: DEGER-ERLENMAIER (Hg.): Wenn nichs mehr ist, wie es war. Angehörige psychisch Kranker bewältigen ihr Leben. Bonn: Psychiatrie-Verlag 1992, 12-18

GREEN, H.: Ich habe dir nie einen Rosengarten versprochen. Bericht einer Heilung. Stuttgart: Radius Verlag 1973. Englisch: I never promised you a rose garden. New York: Verlag Holt, Rinehart and Winston 1964

GRÜNBAUM, A.: Die Grundlagen der Psychoanalyse. Eine philosophische Kritik. Stuttgart: Philipp Reclam jun. 1988

HARTMANN, W.: Statistische Untersuchungen an langjährig hospitalisierten Schizophrenen. Social Psychiatry 1969: 4, 101-114

HÄFNER, H.: Seelische Erkrankungen und die Gesellschaft. In: FINZEN, A., HOFFMANN-RICHTER, U.: Was ist Sozialpsychiatrie. Bonn: Psychiatrie-Verlag 1995, 54-53

HÄNNI, Y., WÜTHRICH, M.: Wie erleben Kinder die psychische Erkrankung ihres Elternteils 1993 (vervielfältigt im Mauskript)

HEIM, S.: Vortrag zur Jahrestagung des Bundesverbandes der Angehörigen Psychisch Kranker. Bonn, Dez. 1993

HELD, T.: Die Psychotherapie Schizophrener im Zeitalter der Vulnerabilität Psychotherapie, Psychosomatik (1993) 267-277

HELL, D., FISCHER-GESTEFELD, M.: Schizophrenien. Verständnisgrundlagen und Orientierungshilfen. 2., neubearbeitete Auflage: Berlin, Heidelberg, New York: Springer Verlag 1993

HILL, L.B.: Psychotherapeutic Intervention in Schizophrenia. Chicago: University Chicago Press 1955. Deutsch: Der psychotherapeutische Eingriff in die Schizophrenie. Stuttgart: Georg Thieme Verlag 1958

HODGINS, S., MÜLLER-ISBERNER, R.: Violence, Crime and Mentally Disordered Offenders. Concepts and Methods for Effective Treatment and Prevention. Chichester, New York, Weinheim: Wiley 2000

Hoffmann-Richter, U., Müller, B., Streb, P.: Eine parteiliche Spezialsprechstunde für Angehörige. Psych. Prax 1994: 21, 79-80

Hoffmann-Richter, U., Dittmann, V.: Die forensische Psychiatrie im Spiegel der Schweizer Presse. Recht & Psychiatrie 16: 19-24

Hoffmann-Richter, U., Alder, B., Finzen, A.: »Vermischte Meldungen«. Ein kriminogenes Leiden. Die Schizophrenie im Lokalteil der Neuen Zürcher Zeitung. Krankenhauspsychiatrie 1998; 9: 110-115

Hoffmann-Richter, U.: Psychiatrie in der Zeitung. Urteile und Vorurteile. Bonn: Edition Das Narrenschiff im Psychiatrie-Verlag 2000

Hoffmann-Richter, U., Alder, B., Hinsemann, V., Finzen, A: Schizophrenie in der »Neuen Zürcher Zeitung«. Psychiat. Prax. 1998; 25: 14-18

Inkeles, A.: What is Sociology? New Jersey: Prentice Hall 1965

Jaspers, K.: Philosophie Bd II. Berlin: Julius Springer 1932

Jost, A., Bürgermeister, U.: Kinder schizophrener Mütter. Sozialpsychiatrische Informationen 2000: 30/2: 3-7

Katschnig, H. (Hg.): Die andere Seite der Schizophrenie. Patienten zu Hause. 3. Auflage. München: Psychologie Verlags Union 1989

Kontakt: Nobelpreis für Schizophrenie-Erkrankte: Kontakt 18 (1995) 16

Kretschmer, E.: Mensch und Lebensgrund. Tübingen: Rainer Wunderlich Verlag Hermann Leins 1966

Kuhse, H., Singer, P.: Muss dieses Kind am Leben bleiben? Das Problem schwerstgeschädigter Neugeborener. Erlangen: Harald Fischer Verlag 1993

Kuiper, P.C.: Seelenfinsternis. Die Depression eines Psychiaters. Frankfurt am Main: S. Fischer Verlag 1991

Laing, R.D.: Phänomenologie der Erfahrung. Frankfurt am Main: Suhrkamp Verlag 1972

Laing, R.D.: Das geteilte Selbst. Eine existentielle Studie über geistige Gesundheit und Wahnsinn. Reinbek bei Hamburg: Rowohlt Taschenbuch Verlag 1976

Leff, J.P.: Die Angehörigen und die Verhütung des Rückfalls. In: Katschnig, H. (Hg.): Die andere Seite der Schizophrenie, 167-180. München: Urban & Schwarzenberg 1977

Lidz, Th.: Der gefährdete Mensch. Ursprung und Behandlung der Schizophrenie. Stuttgart: Fischer Taschenbuchverlag 1976

Lidz, Th., Fleck, St.: Die Familienumwelt der Schizophrenen. Stuttgart: Klett-Cotta 1979

Lindqvist, P., Allebeck, P.: Schizophrenia and assaultive Behaviour. Acta Psychiatr. Scand. 1990: 81, 191-195

Lueken, V.: Ich in der Spiegelstadt. Die autobiographische Fiktion der Neuseeländerin Janet Frame. Die Psychotherapeutin 1995: 2, 89-93

MATTEJAT, F., LISOVSKY, B. (Hrsg.): ... nicht von schlechten Eltern. Kinder psychisch Kranker. Bonn: Psychiatrie-Verlag 1998

MOSCOVICI, S.: La psychoanalyse, son image et son public. Paris: Presses Universitaires Française, 1961

MOSCOVICI, S.: The phenomena of social representations. In: FARR, R.M., MOSCOVICI, S. (Hrsg.): Social representations. Cambridge: Cambridge University Press 1984: 3-69

MÜLLER, Ch.: Psychotherapie und Soziotherapie der endogenen Psychosen. In: KISKER, K.P., MEYER, J.E., MÜLLER, M., STRÖMGREN, E.: Psychiatrie der Gegenwart. Band II/1, 2. Auflage, 292-392. Berlin, Heidelberg, New York: Springer Verlag 1972

MÜLLER, Ch.: Die Gedanken werden handgreiflich. Berlin, Heidelberg, New York: Springer Verlag 1992

MÜLLER, K.: Grenzen der Verantwortung oder Dürfen Angehörige Nein sagen? In: DEGER-ERLENMAIER (Hg.): Wenn nichs mehr ist, wie es war. Angehörige psychisch Kranker bewältigen ihr Leben. Bonn: Psychiatrie-Verlag 1992, 12-19-26

MÜLLER, K.E.: Der Krüppel. München: CH Beck 1996

NASAR, J.: A Beautiful mind. London: Faber & Faber 1988. Deutsch: Auf den fremden Meeren des Denkens. Das Leben des genialen Mathematikers John Nash. München: Piper 1999

PETERS, U.H.: Wörterbuch der Psychiatrie und Medizinischen Psychologie. 5. Auflage. Urban & Schwarzenberg 1999

PLATH, S.: Die Glasglocke. Frankfurt/Main: Suhrkamp 1968; neu 1998

RETZER, A.: Familie und Psychose. Stuttgart, Jena, New York. Gustav Fischer 1994

RINGEL, E.: Selbstmordverhütung. Bern: Hans Huber Verlag 1969

RÖSSLER, W., SALIZE, H.J.: Gemeindenahe Versorgung braucht eine Gemeinde, die sich sorgt – Die Einstellung der Bevölkerung zur psychiatrischen Versorgung und zu psychisch Kranken. Psych. Praxis 1995: 2, 58-63

ROGGE, N.: Die ungehörten Angehörigen – Kinder psychosekranker Eltern. Eine Analyse fokussierter Interviews zur Alltagsbewältigung und Lebensgestaltung von Kindern Psychosekranker. Dissertation. Medizinische Fakultät, Universität Basel 2000

ROSEN, J.N.: Direct Analysis: Selected Papers. New York: Grune & Stratton 1953

RUFER, M.: Irrsinn Psychiatrie. 3. Auflage. Bern: Zytglogge Verlag 1996

SAINSBURY, P.: Die Belastung der Angehörigen durch psychisch kranke Familienmitglieder. In: v. CRANACH, M., FINZEN, A. (Hg.): Sozialpsychiatrische Texte. Psychische Krankheit als sozialer Prozeß. Psychiatrische Epidemiologie. Berlin, Heidelberg, New York, Springer Verlag 1972,110-117

SAYCE, L.: Stigma, Discrimination and Social Exclusion: What's in a Word? Journal of Mental Health 7 81998) 331-343

SCOBEL, W.A.: Suizid – Freiheit oder Krankheit? In: HENSELER, H., REIMER, C. (Hrsg.): Selbstmordgefährdung. Zur Psychodynamik und Psychotherapie.Stuttgart, Bad Cannstatt: Friedrich Frommann 1981, 82-112

SCHERER, K.R.: Gutachten zum Abbau von Vorurteilen gegenüber psychisch Kranken und Behinderten – aus sozialpsychologischer Sicht. Druchsache 7/4201. In: Psychiatrieenquête Band II. Bonn: Deutscher Bundestag 1973, 1140-1160

SCHILLER, L.: Wahnsinn im Kopf. Mein Weg durch die Hölle der Schizophrenie. Bergisch Gladbach, Gustav Lübbe Verlag 1995

SEELHORST, R.M.: Psychisch Kranke in der Familie – aus der Sicht der Angehörigen. In: ANGERMEYER, C., FINZEN, A. (Hg.): Die Angehörigengruppe. Familien mit psychisch Kranken auf dem Weg zur Selbsthilfe, 11-16. Stuttgart: Enke Verlag 1984

SELVINI-PULAZIOLI, M.: Die psychotischen Spiele der Familie. Stuttgart: Klett-Cotta 1992

SHEPERD, M. (Hg.): Psychiater über Psychiatrie. Weinheim und Basel: Beltz Verlag 1985

SIMON, F.: Unterschiede, die Unterschiede machen. Frankfurt/Main: Suhrkamp 1993

SINGER, P.: Praktische Ethik. Stuttgart: Reclam Verlag 1984

SOLLBERGER, D.: Psychotische Eltern, verletzliche Kinder. Identität und Biografie von Kindern psychosekranker Eltern. Eine philosophisch-hermeneutische Studie anhand der Erzähl- und Sprachanalyse qualitativer Interviews. Sozialpsychiatrische Texte 3. Bonn: Edition Das Narrenschiff im Psychiatrie-Verlag 2000

SONTAG, S.: Krankheit als Metapher. München, Wien: Hanser Verlag 1978; Frankfurt am Main: Fischer Taschenbuchverlag 1981

SONTAG, S.: Aids und seine Metaphern. München, Wien: Hanser 1989

SPICHIGER-CARLSSON, P.: Stigma Nullstudie. Zürich: GfS-Forschungsinstitut 1995 (im Manuskript vervielfältigt)

STEINERT, T.: Aggression bei psychisch Kranken. Stuttgart: Ferdinand Enke 1995

STIERLIN, H.: Von der Psychoanalyse zur Familientherapie. München. Deutscher Taschenbuch Verlag 1992

STUMME, W.: Gutachten zu Problemen einer differenzierten Öffentlichkeitsarbeit im Bereich der Versorgung psychisch Kranker und Behinderter. Drucksache 7/4201. In: Psychiatrieenquête Band II. Bonn: Deutscher Bundestag 1973, 1161-1176

STUMME, W.: Psychische Erkrankungen im Urteil der Bevölkerung. München, Berlin, Wien, Urban & Schwarzenberg 1975

SUTHERLAND, S.: Die seelische Krise. Vom Zusammenbruch zur Heilung. Frankfurt/Main: Fischer Taschenbuchverlag 180

TAYLOR, P.J., GUNN, J.: Homocides by people with mental illness: myth and reality. Brit. J. Psychiat. 1999; 174: 9-14

TITZE, E.: Aus Sorge um die Kranken machen viele Angehörige kaum Urlaub. Psychosoziale Umschau 3 (1988) 1, 3-5

VAUGHN, Ch., LEFF, P.: Umgangsstile in Familien mit schizophrenen Pateinten. In: KATSCHNIG, H. (Hg.): Die andere Seite der Schizophrenie. Patienten zu Hause. 3. Auflage, 181-194. München: Psychologie Verlags Union 1989

VOGT, W.: Die Schizophrenie der Kunst. Eine Rede. In: KUDSZUS, W. (Hg.): Literatur und Schizophrenie. Tübingen: Max Niemeyer Verlag 1977, 164-175. Auch in: Literatur und Kritik 45, Mai 1970, 288-297. (Später leicht verändert abgedruckt in: VOGT: Schizophrenie der Kunst und andere Reden. Zürich: Verlag der Arche 1971, 81-98).

WILLMANN, U.: Gefährliche Altlasten. Der Selbstmord einer Frau konnte verhindert werden. Der Basler Fall ist nicht einmalig. Und auch mit Geld und Fakten geht Exit fahrlässig um. Facts 1999, 32-34

WING, J.K.: Innovations in social psychiatry. Psychol. Med. 1980:10, 219-230

ZERCHIN, S.: Auf der Spur des Morgensterns. Psychose als Selbstfindung. München, Leipzig: List Verlag 1990